Papst Franziskus
Gott und die Welt nach der Pandemie

PAPST
FRANZISKUS

EIN GESPRÄCH MIT
DOMENICO AGASSO

GOTT UND DIE
WELT NACH DER
PANDEMIE

AUS DEM ITALIENISCHEN VON
GEORG GÄNSWEIN

Originalausgabe:
DIO E IL MONDO CHE VERRA.
Una conversazione con Domenico Agasso
by Jorge Mario Bergoglio, Papa Francesco
© 2021 Libreria Editrice Vaticana, Città del Vaticano
© 2021 Mondadori Libri S.p.A.
Published by Mondadori under the imprint of Piemme

1. Auflage 2021
© fe-medienverlags GmbH
Hauptstr. 22, D-88353 Kißlegg
www.fe-medien.de

ISBN 978-3-86357-312-6

Lektorat: Klaus Nachbaur

Umschlagfotos:
Daniel Ibañez (Vorderseite),
picture alliance / Pressebildagentur ULMER (Rückseite)

Umschlaggestaltung und Satz:
Manuel Kimmerle

Druck: Pustet, Regensburg
Printed in Germany

Für Domenico Agasso sen.
(* 13.2.1921 – † 31.12.2020),
den Reisegefährten
Papst Pauls VI.

INHALTSVERZEICHNIS

Im Fokus des Erdkreises: ein Mann in Weiß

– Eine Einführung –

Rom im Frühjahr 2020. Dunkelheit überschattet die Iden des März. Angst hat die Welt überfallen. Wochen zuvor ist die Pandemie ausgebrochen. Weltweit geht Menschen die Puste aus. Ein Virus rafft Hunderttausende dahin, die einsam sterben, als ein unsichtbarer Feind die Lungen angreift. Die Menschheit in Katakomben voller Alpträume und Ungewissheiten, verbarrikadiert in ihren eigenen vier Wänden.

Inmitten dieser Dunkelheit aber schaut die Welt auf einen Mann in Weiß. Es ist Sonntagnachmittag, am 15. März, als wir den Papst durch das von der Quarantäne leergefegte Stadtzentrum zur Kirche des heiligen Marcello humpeln sehen, wo er im Namen aller Menschen vor dem Kruzifix beten will, das im Jahre 1522 durch Rom getragen wurde, um die Befreiung von der Pest zu erflehen. Ein einsamer Radfahrer schaut ihn ungläubig an, als er ihm auf der Via del Corso begegnet. In seinem Blick spiegelt sich gleichsam das Staunen der Welt. Im Handumdrehen geht das Bild viral um den Globus.

Knapp zwei Wochen später, am 27. März, ein anderes Bild, wie es vorher noch nie gesehen wurde. Der Nachfolger Petri auf dem leeren Petersplatz. Das Pflaster glänzt dunkel im Regen in der Dämmerung, als Franziskus Gott bittet, „uns nicht der Gewalt des Sturmes preiszugeben". Menschen aller Erdteile können über das Fernsehen und die neuen digitalen Medien ihren Blick nicht von ihm wenden. Es ist das Zentrum der westlichen Christenheit, in dem wir alle mit bangen Augen auf den Stellvertreter Christi schauen. „Wach auf, Herr! Rette uns!", ruft er Christus zu. Es sind die Worte der Jünger, die ein Sturm auf dem See Gennesaret bedrohlich überrascht, während Jesus ruhig zu schlafen scheint. Der Papst beschließt sein Erscheinen über dem dunklen leeren Petersplatz mit dem Segen *Urbi et Orbi*, über die Stadt Rom und den Erdkreis, den der Bischof von Rom normalerweise nur an Weihnachten und Ostern spendet.

Inmitten der Epidemie des Coronavirus, die alle Nationen der Erde in die Knie zwingt, macht Jorge Mario Bergoglio nicht einmal Pause, um am 13. März den Beginn vom siebten Jahr seines Pontifikats zu feiern. Er ist unaufhaltsam. Er ist unermüdlich und ununterbrochen unterwegs, um an der Seite der Menschen zu sein, besonders jener, die am meisten leiden, und immer in den Medien. Das sonntägliche Angelusgebet und die Generalaudienz am Mittwoch lässt er „eingesperrt" in der Bibliothek des Apostolischen Palastes aufzeichnen. Über Streamingdienste lässt er aber auch die Aufzeichnungen seiner Messfeiern in der Casa Santa Marta ohne Umweg direkt zu den Menschen bringen.

Seine Worte aus der Kapelle im *Domus Sanctae Marthae*-Hotel im Vatikan berühren die Seele und treffen die Empfindungen, die Ängste und die blank liegenden Nerven der Zuhörer. Sie ermahnen und ermuntern. Vor allem aber ermutigen sie uns auf der Reise des Lebens. Franziskus will die Menschen in den von Trübsal und Angst geplagten Monaten im Gebet begleiten und möchte ihnen besonders mit der Feier der heiligen Messe noch näher sein. Hier widmet er seine einleitenden Worte den Menschen im Todeskampf, den Menschen im Schmerz und Leid in verschiedener Gestalt und all jenen Menschen, die sich in diesem gesundheitlichen und sozialen Notstand im persönlichen Dienst aufopfern.

Jeden Morgen dieser unwirklichen Tage warten zahllose Zuhörer auf die Zusammenfassung der Betrachtungen seiner Predigt. Ihnen allen vertraut er den Glauben als der Nachfolger des heiligen Petrus an. Er predigt frei, einfach und immer aus dem Stegreif, wenn er seinen Zuschauern und Zuhörern das Evangelium gleichsam wie einen Raum öffnet, in den er sie einlädt, mit ihm einzutreten. Er spricht zu allen von Herz zu Herz und Millionen von Menschen, auch solche, die der Kirche fernstehen, fühlen sich jeden Morgen neu von ihm getröstet, gestärkt und erleuchtet.

Ein schweigender Bischof von Rom, der sich, minutenlang versunken in der Anbetung des Allerheiligsten Sakramentes, filmen lässt, ist nach herkömmlichen Standards ein „unmögliches" Fernseh-Format. Bei ihm jedoch wird dieses Ereignis intensiv und mitreißend, wie Tausende von Dankesbriefen bezeugen, die den Pontifex und sein Haus erreichen. Die Zeugnisse sind zahllos, die in diesen Monaten des Schmerzes zu der Ahnung eines tieferen Glaubens wiederfinden durch die intensive Betrachtung der Geheimnisse Gottes. Ihn erreichen Nachrichten von Leuten, die nach ewiger Zeit das

Evangelium wieder neu aufgeschlagen haben, um darin zu blättern und zu lesen. „Nehmen wir uns jeden Tag ein wenig Zeit, um auf das Wort Jesu zu hören", sagt der Papst seinen Hörern: „Lassen wir uns vom Evangelium nähren. Auf diesen Seiten spricht Jesus zu uns. Es ist ganz einfach. Es ist die stärkste Speise für die Seele."

In der Zeit des Coronavirus geht die Kirche – konkret oder virtuell – aus den Sakristeien heraus und bietet den Menschen im digitalen Raum die heilige Messe an, die von Priestern allein gefeiert wird. Pfarreien, die angefangen hatten auszubluten, erreichen plötzlich mehr Leute in diesen Wochen, in denen sich „Finsternis auf unsere Plätze, Straßen und Städte gelegt hat und mit ohrenbetäubender Stille erfüllt", wie Papst Franziskus sagt. Auch Verzweiflung treibt viele neu an, sich Gott anzuvertrauen. Und die endlosen, immer gleich ablaufenden Stunden, wo sie in den Nachrichten immer neu von der erschreckenden Zahl der Toten erfahren und von den Berichten jener hören, die einen lieben Menschen verloren haben, ohne ihm noch ein letztes Mal die Hand drücken zu können. Menschen brauchen aufrichtige Nähe. Und starke, konkrete Zeichen. Wie die Öffnung der Häuser vieler Diözesen für die Unterbringung armer Familien während der Quarantäne oder Pfarreien, die auch die Bezahlung von Hotels für entlassene Patienten übernehmen, um Plätze in den Covid-Stationen frei zu machen. „Wir haben erkannt, dass nicht jeder für sich allein weitermachen kann", sagt der einsame Mann in Weiß im Dunkel vor dem Petersdom.

Jorge Mario Bergoglios Appell lautet: „Wir alle müssen Haltungen und Verhaltensweisen aufgeben, die von Individualismus, Egoismus und der Suche nach Angepasstheit vergiftet sind. Jetzt ist die Zeit, den Weg des Lebens neu auf Gott und auf die anderen hin auszurichten." Es ist Zeit, einen neuen Sinn von brüderlicher Gemeinschaft zu entwickeln als tragenden Pfeiler, der Gläubige wie Nichtgläubige stützen und vereinen kann. Das ist die „Hoffnung, die nie enttäuscht", wie er sagt. „Beginnen wir neu mit der Hoffnung. Alle zusammen."

D. A.

1.

WEGGABELUNG UND ZEITENWENDE FÜR DIE MENSCHHEIT

Heiligkeit, wie deuten Sie die Corona-Bedrohung, die seit dem Jahr 2020 die Welt erschüttert?

Im Leben gibt es dunkle Momente. Zu oft denken wir, dass sie nicht uns, sondern nur andere, in einem anderen Land, womöglich sogar in einem anderen Kontinent, treffen können. Jetzt aber sind wir alle im Tunnel der Pandemie gefangen. Schmerz und Dunkelheit durchdringen die Türen unserer Häuser und Gedanken bedrohen unsere Träume an und infizieren unsere Pläne und Programme. Deshalb kann sich heute niemand erlauben, ruhig zu bleiben. Gerade in dieser Heimsuchung sind jene Zeichen zu erkennen, die sich als Angelpunkt eines Wiederaufbaus offenbaren können. Bloße Interventionen reichen nicht aus, um die Not zu lösen. Die Pandemie ist ein Alarmzeichen, das die Menschen zwingt, nachzudenken. Diese Zeit der Prüfung kann zu einer Zeit der klugen und weitsichtigen Wahl für das Gute der Menschen werden. Für alle Menschen.

Was empfehlen Sie den Menschen auf ihrem Weg durch diesen Tunnel?

Wir sind müde, enttäuscht, traurig und meinen, es nicht zu schaffen. Gott fragt uns und lädt uns ein, insbesondere sein Kreuz zu umarmen, das heißt, den Mut zu finden, allen gegenwärtigen Widerwärtigkeiten die Stirn zu bieten. Der Herr ermahnt zum Widerstand, und dass wir uns nicht in uns selbst verschließen, sondern unsere Prioritäten neu ausrichten, um unsere Wertehierarchie zu überdenken – und um Solidarität und Hoffnung zu mobilisieren und zu aktivieren und dieser Epoche Festigkeit zu verleihen, wo es scheinen könnte, dass alles zusammenbricht. Versuchen wir, diesen harten Moment mit der Kraft des Glaubens und der Glut der Liebe zu bestehen. Üben wir unsere Augen darin, die anderen in Güte anzuschauen, um herauszufinden, wer leidet. Denn ganz gewiss gibt es in unserer Nähe jemanden, der „humpelt" oder völlig erschöpft Halt machen musste. Wir sind als Menschen und Christen aufgerufen, uns dieser Brüder und Schwestern anzunehmen und ihnen zu helfen, dass sie wieder auf die Beine kommen und ihren Weg weitergehen können, bis jenes neue Licht aufleuchtet, das alles und alle erleuchtet. Und es ist, als würden wir nicht ankommen, wenn wir den, der sich kaum auf den Füßen halten kann, nicht unterstützen und den nicht dem Vergessen entreißen, der – unsichtbar für die Augen der Egoisten – am Boden liegt und leidet.

Die Menschheit ist an einem heiklen Punkt angelangt. Sie ist durch ein anderes fürchterliches Virus großer Gefahr ausgesetzt, das tödlicher sein kann als Covid-19. Das ist das

Gott lädt uns ein,
sein Kreuz zu
umarmen,
das heißt, den Mut
zu finden, allen
gegenwärtigen
Widerwärtigkeiten
die Stirn zu bieten.

Virus des Egoismus, das sich mit der Überzeugung überträgt, dass das Leben sich bessert, wenn die Dinge für mich besser laufen; dass alles gut wird, wenn es gut läuft für mich. Das ist der Punkt, wenn wir beginnen, Menschen auszusondern, Alte zu entsorgen, Arme auszugrenzen und „Unangenehme" zurückzustoßen. Schaut auf die soziale Ungerechtigkeit, die Ungleichheit der Chancen, den Mangel an Schutz für die Schwächsten. Es gibt jedoch ein Mittel, das vor der Ansteckung schützt.

Welches?

Antikörper der Solidarität zu bilden.

Was bedeutet das?

Wir müssen neu beginnen bei der Entdeckung der gemeinsamen Gebrechlichkeit, die uns durch die Härte der Pandemie bewusst geworden ist. Durch die Armut und die Ausnutzung der Menschen in vielen Teilen des Planeten ist die Hinfälligkeit der menschlichen Existenz bereits seit Langem unser „tägliches schmutziges Brot" geworden. In anderen Teilen der Welt hingegen hat sich die Gewissheit, dass die technischen und wissenschaftlichen Fähigkeiten unbesiegbar sind, als Irrtum erwiesen. Jetzt ist noch deutlicher geworden, dass die Konsequenzen unseres Handelns immer auch den Nächsten betreffen, und zwar im Guten wie im Bösen. Deshalb ist die Solidarität, wenn sie umfassend und endgültig ist, ein heilsamer Weg, um diese bedrohliche Epoche zu überwinden: Das Leben ist uns allen immer gemeinsam und die Brüderlichkeit unumgänglich, weil wir, auf uns allein gestellt, früher oder später zusammenbrechen. Wenn wir uns gegenseitig stützen, können wir alle besser leben.

2.

DIE HAND DES HERRN HEBT UNS IMMER AUF

Genügt ein praktischer und organisierter Gemeinwohl-Aktivismus, um uns aus der Not herauszuführen?

Nein, meines Erachtens reicht das nicht. Wir müssen beten. Beten, beten. Vom Gebet können und dürfen wir nicht absehen.

Warum?

Die Welt ist gezeichnet von Habsucht; das Licht Gottes ist verdunkelt durch die täglichen Sorgen. Oft sagt man: Ich habe keine Zeit zum Beten und auf die Bitten der anderen einzugehen. Wir dürfen nicht vergessen, dass Beten bedeutet, sich von Gott in unserem Inneren anschauen zu lassen – ohne Verstellung, ohne Ausreden, ohne Rechtfertigungen. Das lässt uns unsere Gebrechlichkeit bewusst werden. Und öffnet die Augen für den Sinn unserer Existenz. Ich denke dabei an die Apostel, die im Boot auf dem See durch einen Sturm hin- und hergeworfen werden. Verängstigt wecken sie

Jeder von uns ist wie ein kleines Kind, das gehen lernt und nach wenigen Schritten hinfällt.

Jesus auf, der im Boot schläft: „Rette uns, Herr, wir sind verloren!" (*Mt* 8,25). Dieser Schrei – Herr, wir gehen unter – ist der Schrei der Armen und derer, die untergehen und sich in Gefahr sehen und verlassen fühlen. In einer schwierigen, verzweifelten Situation ist es wichtig zu wissen, der Herr, an den ich mich klammern kann, ist da. Gott hält uns auf vielerlei Weise. Er schenkt uns Kraft und Nähe. Wie er Petrus die Hand gibt, als der in Gefahr ist zu versinken (*Mt* 14,22–36). Das ist eine andere beispielhafte Szene. Die Jünger sehen Jesus über den See gehen und Petrus sagt zu ihm: „Herr, wenn du es bist, so befiehl, dass ich auf dem Wasser zu dir komme!" – „Komm!", antwortet ihm der Sohn Gottes. Da beginnt Petrus zu gehen. Aber als er sieht, wie der Wind immer heftiger wird, bekommt er Angst und beginnt zu versinken. Herr, rette mich! Jesus ergreift ihn und fragt: „Du Kleingläubiger, warum hast du gezweifelt?" Dieser Abschnitt ist eine Einladung, dass wir uns in jeder Lebenssituation ganz und gar Gott anvertrauen, insbesondere in der Zeit der Prüfung und der Verwirrung.

Dennoch gibt es Augenblicke, Perioden oder ganze Lebensphasen, in denen es aussieht, als ob Gott uns vergessen hätte, sich nicht mehr um uns kümmerte und uns untergehen lässt in unseren Dramen …

Das stimmt. Aber in Wirklichkeit ist Gott mit uns, er ist uns nahe und im richtigen Augenblick streckt er die Hand aus und rettet uns. Er weiß sehr gut, dass unser Glaube schwach ist – wir alle sind kleingläubig; auch ich bin es – und dass unser Weg mühselig sein kann. Wir wissen, dass wir alle geboren sind mit einer keimenden Unruhe. Das ist die Unruhe, die Lebensfülle zu finden, die wir oft auf verkehrten Wegen suchen. Wenn aber unsere Unruhe Jesus begegnet, beginnt die Gnade, weil Er der Auferstandene ist! Es ist der Herr, der den Tod durchschritten hat, um uns Rettung zu bringen. Manches Mal, im Dunkeln, rufen wir: „Herr! Herr!" Und wir glauben, dass er weit weg sei, dass er uns nicht hört. Er hingegen antwortet an einem bestimmten Punkt: „Hier bin ich!"

In unserem Leben, auch wenn wir uns glänzend und siegreich fühlen, schreiten wir nur mühsam voran. Jeder von uns ist wie ein kleines Kind, das gehen lernt und nach wenigen Schritten hinfällt. Es probiert es noch einmal und fällt schon wieder hin. Jedes Mal hebt der Papa es auf. Die Hand, die uns stets auf die Beine hilft, ist die Hand des barmherzigen Vaters. Der Herr will, dass wir es so sehen: Er ist nicht wie ein Gutsherr, der mit uns abrechnet und dem wir gehorchen müssen, sondern wie unser Vater, der uns immer wieder aufrichtet und uns in Sicherheit bringt. Als Jesus und Petrus ins Boot steigen, legt sich der Wind. Die anderen Apostel und Fischer im Boot fallen vor ihm nieder und sagen: „Du bist wahrhaft Gottes Sohn!" Über kurz oder lang wird jeder von uns diese Entdeckung machen.

Das gilt für die Gläubigen. Wo aber können die, die nicht glauben, Trost und Ermutigung finden?

Ich möchte in keiner Weise und Hinsicht zwischen Gläubigen und Ungläubigen unterscheiden. Wir sind alle Menschen, gehören einer einzigen großen Familie an ohne Grenzen und Unterschiede; wir sitzen alle im selben Boot. Keine menschliche Angelegenheit darf für einen Christen entfernt und fremd sein. Wir alle leiden aufgrund desselben universalen Übels. Menschlichkeit und Leid sind nur wenige Male in der Geschichte weltweit so verbreitet gewesen wie heute in dieser Krise. In der Tat hilft sie, das Zusammenwirken, die gegenseitige Zusammenarbeit, den Sinn für Pflicht und Verantwortung und jenen Opfergeist zu fördern, der an vielen Orten und unterschiedlichen Kreisen entstanden und auch gewachsen ist. Man soll nie zwischen Gläubigen und Ungläubigen unterscheiden, wir müssen an die Wurzel gehen: die Menschlichkeit. Vor Gott sind wir alle Söhne und Töchter und von ihm her untereinander Brüder und Schwestern.

3.

GEMEINSAM NEU
GEBOREN WERDEN

In der Tragödie der Corona-Pandemie gibt es Menschen, die in der Isolierung ohne Kontakt mit ihren Angehörigen gestorben sind. Sie durften die Sterbenden nicht besuchen, um nicht angesteckt zu werden. Herzzerreißende Szenen. Welche Gedanken und Empfindungen haben sie bei Ihnen hervorgerufen?

Ich habe Geschichten gehört, die mich geschmerzt, ja erschüttert haben. Die Nöte jener, die gestorben sind, ohne sich von den Angehörigen verabschieden zu können, wurden zu Wunden in den Herzen jener, die zurückgeblieben sind. Alten Menschen, die sich von ihren Lieben verabschieden wollten, wurde klar, dass sie auf den Tod zugehen. Einigen ist es gelungen mithilfe der Krankenpfleger, die mit ihrem Mobiltelefon einen Videoanruf mit Angehörigen ermöglicht haben. Diese Kranken konnten so ein letztes Mal das Gesicht der Kinder, der Ehefrauen, der Ehemänner, der Kinder und Kindeskinder sehen. Sie sind gestorben mit diesem kostbaren Trost. Es ist das tiefe Bedürfnis, eine Hand zu halten, die dich hält, eine Gebärde der Wärme und der Begleitung auf dem letzten Weg zu erfahren. In den Monaten der großen

Not haben viele Krankenpfleger und -pflegerinnen diesen vitalen Wunsch gespürt und den tiefen Schmerz der Einsamkeit wahrgenommen und die Kranken liebevoll begleitet. Ich danke allen Krankenpflegern und -pflegerinnen, Ärzten und Freiwilligen, die sich der Sterbenden trotz ihrer übergroßen Erschöpfung und unter Gefahr der eigenen Gesundheit mit Geduld und Herzensgüte angenommen haben, um die erzwungene Abwesenheit der Angehörigen menschlich auszugleichen. Sie waren zuverlässig zugegen, großzügig und entschieden, als feste persönliche Bezugsgrößen. In dem sehr gefährlichen Kampf gegen das Virus, das die Welt erschüttert, haben sie es verstanden, ihre professionelle Kompetenz mit jener Aufmerksamkeit und jenen menschlichen Fähigkeiten zu verbinden, die zu konkreten und bewegenden Ausdrücken der Liebe geworden sind.

Wie könnte ihr Zeugnis beschrieben werden?

Sie sind „Engel" für die Patienten, die sich im Wiedererlangen der Gesundheit unterstützt fühlten oder getröstet auf der Reise zur endgültigen Begegnung mit Gottvater. Das Gesundheitspersonal bezeugt in Zusammenarbeit mit den Krankenhausseelsorgern die Nähe Gottes für den, der leidet. Auch mit der Kreativität, in der sie mithilfe der digitalen Medien Familien vereint haben, die der unsichtbare Feind auseinandergerissen hat. Sie haben eine Kultur der Nähe und der Zärtlichkeit entwickelt, von der wir alle etwas mitnehmen und lernen können. Obgleich erschöpft, haben sie mit Professionalität und Entsagung weitergearbeitet. Wie viele Ärzte, medizinisches Personal und Pfleger sind nicht nach Hause gegangen, sondern haben sich arrangiert und in den Krankenhäusern übernachtet, weil Betten fehlten! Diese Helden sind zu den tragenden Säulen ganzer Länder geworden. Wir haben die Pflicht, das nicht zu vergessen.

Der einzigartigen, mutigen Hingabe der Ärzte, Pfleger und des Pflegepersonals haben sich Gesten Tausender von Freiwilligen hinzugefügt, welche die Letzten der Letzten nicht vergessen haben: die Obdachlosen, die Migranten, die alleingelassenen Alten, die Bedürftigen seit jeher und jene, die nichts mehr zum Leben haben aufgrund der wirtschaftlichen Krise durch die Pandemie. Welche Rolle könnte dieses Solidaritätsnetz für unsere Zukunft haben?

Es ist hilfreich, ein für alle Mal daran zu erinnern, dass die Menschheit eine einzige Gemeinschaft, eine einzige Familie ist und dass die weltweite Brüderlichkeit äußerst wichtig und entscheidend ist. Es kann nicht mehr der „andere" sein, sondern nur ein großes „wir", ohne Ausgrenzungen. Die Welt ist gerufen, dieser so schwierigen Zeit eine Bedeutung zu geben, indem sie neue Räume für die Solidarität erschließt. Auf die Pandemie des Coronavirus und die Habsucht antworten wir mit der Universalität des Gebets, des Miteinanders, des Mitleids, der Zärtlichkeit. Packen wir es gemeinsam an! Und bleiben wir zusammen, weil wir aus der weltweiten Abgrenzung und aus dem Abstandhalten nur gemeinsam herauskommen

Auf die Pandemie
des Coronavirus
und die Habsucht
antworten wir mit
der Universalität
des Gebets, des
Miteinanders,
des Mitleids, der
Zärtlichkeit.

können. Es ist der Augenblick gekommen, das Wort Jesu anzuwenden: „Alle sollen eins sein" (*Joh* 17,21). Wir können unsere Zukunft neu planen und neu bemessen, wenn wir auf unsere Wurzeln schauen: die Großeltern, die alten Menschen. Sie werden uns helfen, endlich eine wirkliche Brüderlichkeit unter uns zu schaffen. Indem wir uns an die leidvollen Erfahrungen erinnern, die wir gemeinsam gemacht haben, helfen wir uns gegenseitig weiterzugehen, und zwar mit großer Hoffnung, einer Hoffnung, die nie enttäuscht.

Mit folgenden vier Begriffen sollten wir neu anfangen: *Wurzeln, Gedächtnis, Brüderlichkeit und Hoffnung.* Es ist der Moment, die positive Energie zu nutzen, die investiert wurde, oft unentgeltlich und unter Einsatz des Lebens, von denen, die Opfer bringen zum Wohl der anderen. Auf diese Weise ehrt man auch das Leiden der Kranken und der zahlreichen Toten. Auf dieser Grundlage können wir das Morgen errichten. Deshalb sind der Einsatz, die Kraft und die Hingabe aller Menschen im täglichen Leben so wichtig, und zwar jeder an seinem Ort, in seinem Bereich. Unsere Existenz wird gewoben und aufrechterhalten von gewöhnlichen Menschen, die fast immer im Hintergrund bleiben und weder auf Titelseiten noch im Fernsehen erscheinen, ohne die wir aber nicht in der Lage sind durchzuhalten. Ich denke an die Ärzte, Pfleger, Angestellte in den Supermärkten, Reinigungspersonal, Haushaltshilfen, Transporteure, Ordnungskräfte, Freiwillige, Priester, Ordensleute und viele andere. Und an die Väter, Mütter, Großväter, Großmütter und Lehrer, die durch Worte und das Beispiel täglicher Gesten zeigen, wie die Krise zu überwinden ist: Auch durch entsprechend neue, angemes sene Gewohnheiten, durch einen vertrauensvollen und kühnen Blick in die Zukunft und durch das Gebet, das für das Wohl aller aufzuopfern ist. Die Entwicklung und die Fähigkeit, die Völker zu befreien, misst sich am Leiden.

Wenn wir die außergewöhnlichen Zeugnisse großzügiger und absichtsloser Liebe, die ganze Gesellschaften auf den Beinen gehalten haben, zu Wort kommen lassen, beschädigen wir diese nicht, im Gegenteil: Wir alle werden danach bessere Zeiten sehen.

Wie können wir verhindern, diese zu beschädigen?

Wir sollten diesen Geschichten einer „Heiligkeit von der Türe nebenan" einen unauslöschlichen Platz im persönlichen und im kollektiven Gewissen einräumen und unser Privatleben wie unser Gemeinschaftsleben durch die Nähe zu denen prägen lassen, die sich um andere kümmern, und zu denen, die in Schwierigkeiten sind. Notwendig ist auch ein Geist des Dienens und der Teamarbeit sowie Werke, die ein zivilisiertes Zusammenleben fördern. Wir sind aufgerufen, Menschen zu sein, die bereit sind, individualistische Haltungen aufzugeben, die nur auf die eigenen Interessen schauen, um Baumeister von solidarischen Gemeinschaften zu werden. Wir müssen uns befreien von einer eingebildeten und illusorischen Allmacht und dem Verlangen nach Besitz und wir müssen zwischen dem unterscheiden, was zählt, und dem, was vergänglich ist, zwischen dem, was wirklich notwendig ist, und dem, was wir lediglich für notwendig erachtet haben, das sich aber als nichtig erwiesen hat. Es braucht den Mut, Räume zu öffnen, wo sich alle angenommen fühlen, um auf diese Weise neue Formen der Gastfreundschaft, der Brüderlichkeit und der Solidarität zu ermöglichen.

4.

HOFFNUNG AUSSÄEN

Was ist Hoffnung?

Es ist das Lächeln, obgleich es Probleme gibt. Es ist das Licht, das man immer sehen muss am Ende des Tunnels, trotz allem. Es ist jene Energie, von der man meint, sie nicht zu haben. Es ist wahr, dass sie uns vor Bösem nicht bewahrt. Aber sie gibt Kraft, mit offenen Augen Schwierigkeiten und Hindernissen zu begegnen, auch solchen, die unüberwindbar scheinen. Sie ermöglicht, sich vor der heimtückischen Unterwanderung des Übels zu schützen, wie auch vor Entmutigung, Resignation, Enttäuschung und Pessimismus.

Hoffnung besiegt die Versuchung des Aufgebens. Wenn wir Hoffnung haben und sie denen geben, die verwirrt sind und mutlos, angesichts einer Dunkelheit, die kein Ende zu haben scheint, werden wir Künder von echter Freude und echtem Vertrauen in die kommende Welt. Es ist ein lebenswichtiges Bedürfnis der Menschheit. Gewiss ist aber auch dies: Die Hoffnung ist etwas ganz anderes als bloßer Optimismus.

Wo kann man Hoffnung suchen?

Im Kreuz Jesu. Die erste Gabe des Glaubens an Gott besteht
darin, von Ihm die Hoffnung zu empfangen, die von der
Angst befreit. Aus dem Glauben entspringt immer eine heitere Hoffnung, die in der Lage ist, die Welt zu verändern. Die
Seele der Hoffnung ist das Gebet. In der christlichen Tradition lässt sich eine Vielzahl von Riten und Gebetsanrufun-
gen für schwierige Momente entdecken, zum Beispiel die An-
rufung für die Kranken, für die Befreiung vom Bösen und
dafür, sich zuversichtlich dem Wirken des Heiligen Geistes
anzuvertrauen. Ich empfehle drei Schritte, die wir zu Hause
machen können: Jesus das Herz *öffnen* und ihm alle Lasten,
Mühen, Enttäuschungen und Sorgen des Lebens anvertrauen. Auf Gott *hören* und das Evangelium in die Hand nehmen und so *beten*: „Herr, bleibe bei uns. Bleibe bei mir. Wir
brauchen Dich, um den rechten Weg zu finden. Ohne Dich
ist nur Nacht." Indem wir die Gegenwart Jesu in und neben
uns entdecken, empfangen wir das Licht und inneren Frieden. So erhellt sich die Zeit, die uns auf der Erde gewährt ist,
und zugleich beginnt so jetzt schon das Leben im Himmel,
freudig und fruchtbar für die Ewigkeit.

*Ist es kein Widerspruch, von Freude zu sprechen in dieser Zeit
der Trübsal?*

Wir sind zum Leben gerufen, um auferweckt zu werden.
„Freut euch", sagt Jesus zu Maria Magdalena und zur ande-

Die erste Gabe des Glaubens an Gott besteht darin, von Ihm die Hoffnung zu empfangen, die von der Angst befreit. Aus dem Glauben entspringt immer eine heitere Hoffnung, die in der Lage ist, die Welt zu verändern.

ren Maria, als sie zu seinem leeren Grab kommen. Gott geht ihnen entgegen, um ihre Trauer in Freude zu verwandeln und um sie im tiefen Schmerz zu trösten. Der Auferstandene möchte die Frauen und mit ihnen alle Menschen zu einem neuen Leben auferwecken.

Wir leben heute in einem Klima der Drangsal und der Traurigkeit. Deshalb ist es gut, darüber nachzudenken. Die Pandemie und ihre verheerenden Folgen haben uns überwältigt und nun mühen wir uns ab und sind verzweifelt, verwirrt und eingeschüchtert. Wir brauchen einen Plan, um auferstehen zu können. Es ist entscheidend, gemeinsam die Kräfte zu bündeln, um den schweren Stein des Grabes beiseitezuwälzen, der den Weg unserer Zukunft versperrt und uns unter sich zu begraben droht. Das Beispiel, das uns inspirieren soll, sind die Frauen im Evangelium. Trotz aller Angst und Zweifel sind sie fähig, sich auf den Weg zu machen. Sie lassen sich durch das Unglück nicht lähmen. Wenn es uns gelingt, uns durch die große Unruhe nicht lähmen zu lassen, können auch wir eines Tages von der Ankündigung der Auferstehung überrascht werden. Die Frauen, die Jesus im Tod und in der äußersten Verzweiflung wachend begleitet haben, werden gleichsam „gesalbt" durch die Begegnung mit dem Auferstandenen. Sie haben verstanden, dass sie nicht verlassen wurden. Jesus lebt und er geht ihnen voraus, um die lähmenden Hindernisse und Felsbrocken aus dem Weg zu räumen.

Der Auferstandene lässt die Schönheit wiederaufleben und sie aus dem Tode zu neuem Leben erwecken. „Seht her, nun mache ich etwas Neues. Schon sprießt es hervor, merkt ihr es nicht?" (*Jes* 43,19). Das ist die Quelle unserer Freude und

Hoffnung, die unser Denken und Handeln verwandelt. Die Mühen, die Nachtwachen und alle Begleitung in dieser schwierigen Zeit sind nicht vergeblich und werden es auch nicht sein: Sie enthüllen sich als Segen für das Leben. Jedes Mal, wenn wir uns in das Leidensgeschehen des Herrn vertiefen oder mit einem Bruder oder einer Schwester mitleiden, nehmen wir die große Verheißung der Auferstehung wahr. Und so wird das ganze Leben des Dienens und der Liebe, das wir schenken, fruchtbar werden.

Indem wir uns geduldig eingestehen, dass wir zwar aussäen, aber dass es der Herr ist, der Wachstum schenkt, werden wir Baumeister und Verkünder eines neuen Lebensentwurfs – und zwar so konkret und zärtlich wie das Evangelium. Die Begegnung mit dem Wort Gottes wird uns zu notwendiger und erneuerter Kreativität inspirieren. Im Zusammenspiel mit dem Geist, der uns mit seinem Hauch umweht, werden wir fähig, „alles neu zu machen" (*Offb* 21,5). Jeden Tag können wir neu auferstehen.

5.

EINE AUFRICHTIGE KIRCHE, GEEINT UND EINIG UND MISSIONARISCH

Zu welcher Aufgabe ist die Kirche in der Welt berufen?

Die Kirche ist erklärtermaßen missionarisch. Deshalb sind alle Christen Missionare und müssen die Frohe Botschaft des Evangeliums zu allen Menschen tragen, denen sie begegnen. Dies müssen sie nah und fern, zu Hause, bei der Arbeit, beim Sport, in der Erholung immer und überall tun. Die Rückkehr zum Evangelium ist die Basis jeglicher Erneuerung. Erinnern wir uns daran, dass Gott sich an alle und an jeden wendet. Er sagt zu den Aposteln nicht, dass sie eine Elite bilden sollen.

Wie setzt man das im Alltag um?

Der Glaube ist entweder missionarisch oder er ist kein Glaube. Er bringt dich immer dazu, aus dir herauszugehen. Verkünden heißt nicht überreden, sondern einen Schatz anbieten. Leben wir also unseren Glauben so: mit offenen Türen. Die Kirche ist „im Aufbruch". Sie ist gerufen, Zeugnis zu geben. Das kann nie Frucht kalter, am Schreibtisch entstandener Überlegungen und anmaßender Gebärden sein und hat nichts mit Werbestrategien zu tun. Das Zeugnis erwächst aus der Schönheit der Seele und der Barmherzigkeit, die jeder Gläubige anderen im Namen Gottes schenken kann. Glauben bedeutet, das Herz auf den Herrn auszurichten, auf seine Liebe und auf seine Zärtlichkeit als Vater – auch mitten in Stürmen.

In dieser für die Zukunft der Menschheit so heiklen und entscheidenden Krisenzeit dürfen wir nicht flüchten vor der Verantwortung, ganz entschieden an der Seite der Menschen zu stehen, die versuchen, die Krise zu überwinden. Aus der Krise sollte man nicht nur aus gesundheitlichen und wirtschaftlichen, sondern auch aus spirituellen und moralischen Gründen herauskommen. Ob das gelingt, hängt vom Gewissen und vom Pflichtgefühl eines jeden Menschen ab, der gerufen ist, seinen Teil beizutragen; und es hängt auch ab vom Willen, die Botschaft des Herrn anzunehmen. Als Gläubige liegt es an uns zu zeigen, dass Gott uns nicht verlässt und dass auch diese so trostlose und bedrückende Zeit nicht sinnlos ist. Mit Gottes Hilfe kann man allen noch so harten Prüfungen standhalten und in allen Pfarreien, Diözesen und Gemeinschaften bezeugen, dass Er uns zur Gemeinschaft und Brüderlichkeit erschaffen hat. Es bedarf einer Kirche, die Einheit stiftet und Menschen zusammenbringt, nicht aber urteilt und entzweit.

Dennoch ist die Geschichte der sogenannten „Heiligen Paläste"
des Vatikans gezeichnet von Parteiungen, Seilschaften, Zirkeln

*Als Gläubige liegt es
an uns zu zeigen,
dass Gott uns nicht
verlässt und dass
auch diese so
trostlose und
bedrückende Zeit
nicht sinnlos ist.*

und Clubs, von Bedrohungen durch Entzweiungen und Schismen. Auch in diesem Pontifikat …

Das Boot im Sturm ist das Bild der Kirche, das in jeder Epoche feindliche Kräfte und Gegenwind zu spüren bekommt. Wir sind alle Sünder und fähig, üble Dinge zu tun. Diese Wirklichkeit vereint uns, demütig die Notwendigkeit anzuerkennen, dass wir Hilfe brauchen, dass wir erlöst werden müssen. Wir sind eingeladen, den Wert der Gemeinschaft wiederzuentdecken und zu vertiefen, der alle Glieder des Volkes Gottes vereinigt. In Christus vereint sind wir nie allein, sondern bilden einen einzigen Körper, dessen Haupt nur Er ist. Er ist der Heilige, der die Kirche heiligt … wir sind Sünder. Der heilige Ambrosius, Bischof von Mailand und Kirchenvater, nannte die Kirche im 4. Jahrhundert eine „keusche Hure".

Was kann die Kirche von der Pandemie lernen? Und wie kann sie der leidenden Welt zu Hilfe kommen?

Die Epidemie hat allen deutlich gezeigt, wie illusorisch die Vorstellung ist, sie allein bewältigen zu können und allein auf sich selbst und das eigene Vermögen zu setzen. Wie wichtig ist es doch, die Gesellschaft von dieser individualistischen Engführung zu reinigen. Früher oder später brauchen wir die anderen, jemanden, der sich um uns kümmert, der uns Mut macht und Zuversicht schenkt. In diesem Zusammenhang richtet eine Kirche, die sich verbarrikadiert, nur Unheil an.

Wir dürfen die Notleidenden nicht vergessen. Wir sind gerufen, die Liebe und Zärtlichkeit Gottes zu spiegeln, Trost in der Prüfung schenken und unseren notleidenden Brüdern und Schwestern beizustehen. Eines Tages wird Gott uns erneut fragen: „Wo ist dein Bruder Abel?" (*Gen* 4,9). Diese Epidemie drängt uns auf besondere Weise zu der Wahl, die uns das Evangelium vorgibt: Das ist die Option für die Armen (vgl. Apostolische Exhortation *Evangelii gaudium*, 195).

Weil Sie das so sehr betonen, werden Sie als „pauperistischer Papst und Kommunist" bezeichnet ...

Das ist keine Frage der Parteipolitik oder der Ideologie. Es ist die Mitte des Evangeliums. Jesus, der sich arm machte wie wir, war der Erste, der davon Zeugnis ablegte. Deshalb steht diese Option im Zentrum des Evangeliums, im Zentrum der Verkündigung Jesu. Christus selbst, der Gott ist, hat nicht ein Leben voller Privilegien gewählt, sondern ein Leben als Knecht. Zu Beginn seines öffentlichen Wirkens hat er verkündet, dass im Reich Gottes die Armen selig sind (*Mt* 5,3; *Lk* 6,20). Er lebte inmitten der Kranken, der Ausgeschlossenen und ließ sie die barmherzige Liebe Gottes spüren. Aus diesem Grund sind seine Jünger jeglicher Epoche und jeglichen Ortes an der Nähe zu den Armen, zu den Kleinen zu erkennen und zu jenen, denen es an Essen und Kleidung mangelt. Matthäus erinnert uns im 25. Kapitel seines Evangeliums, dass wir an der Liebe zu unserem Nächsten gerichtet werden, ob wir den Bedürftigen geholfen haben oder nicht. Vergessen wir nicht, was der heilige Johannes Paul II. gesagt hat: „Die bevorzugte Liebe zu den Armen ist die Mission der ganzen Kirche" (vgl. Enzyklika *Sollicitudo rei socialis*, 42). Ich erinnere mich an einen heiligmäßigen Bischof aus Brasilien, der sagte: „Wenn ich mich um die Armen kümmere, sagen sie, ich sei ein Heiliger; wenn ich nach den Ursachen der großen Armut frage, schimpfen sie mich einen Kommunisten."

Was bedeutet es konkret, die Armen ins Zentrum zu stellen?

Es bedeutet, gemeinsam mit ihnen zu gehen und sich von ihnen, die Jesus durch das tägliche Leid gut kennen, evangelisieren zu lassen und zuzulassen, dass sie uns anstecken mit ihrer Weisheit und ihrer Kreativität. Wenn wir mit jenen teilen, die wenig oder nichts haben, bereichern wir nicht nur unseren Nächsten, sondern auch uns selbst. Die Ränder ins Zentrum und die Armen an die erste Stelle zu setzen, bedeutet wahrhaftig, unser Leben auf Christus zu bauen, der arm wurde für uns, um uns reich zu machen durch seine Armut (*2 Kor* 8,9).

Auf welche Weise macht er uns reich und heilt uns?

Jeder von uns braucht einen, der spirituell, aber auch konkret seine Hand ausstreckt, wie es Jesus tat bei Petrus, als dieser im Begriff war unterzugehen. Zu meinen, man schaffe es allein, ist die größte aller Illusionen, auf die man hereinfallen kann. Das haben uns die Wochen im Lockdown bestätigt, als die Menschen bei den liturgischen Feiern physisch nicht anwesend sein konnten: Spirituell vereint haben sie einzeln oder in der Familie gebetet auch mithilfe der neuen Kommunikationsmittel. Wie viele Menschen haben wahrgenommen, dass die Umarmung des Herrn weit über das Unheil hinausging. Gott hat sich durch die kreative Fürsorge der Priester gezeigt, die den Menschen geholfen haben, den Glauben wachzuhalten und nicht allein zu bleiben in der Not. Abgesehen von einigen kurzsichtigen Äußerungen gegen die richtigen Maßnahmen der zivilen Autoritäten, die die Pflicht haben, das Volk zu schützen, habe ich die pastorale Kreativität und den unbändigen Geist vieler Priester bewundert, die an die Türe klopfen, um zu sagen: „Ich bin da. Brauchen Sie etwas? Ich kann für Sie einkaufen. Oder wir können gemeinsam beten oder ein Schwätzchen halten." Diese Priester, die an der Seite ihrer Gläubigen geblieben sind und mit ihnen täglich Kummer und Ungemach teilten, sind Zeichen der tröstenden Gegenwart Gottes gewesen. Sie waren Väter an Stelle des Herrn. Ich empfinde große Wertschätzung für das, was sie in dieser mühsamen und schwierigen Situation geleistet haben. Viele Priester haben ihr Leben dabei verloren. Schützen und halten wir das Andenken an sie in hohen Ehren und auch das Beispiel ihres Mutes und der selbstlosen Liebe für ihre Herde. Arbeiten, Beziehungen knüpfen und nähren, in der Stadt oder in Dörfern wohnen, studieren und am Leben der Kirche teilnehmen wird nach dieser Pandemie nicht mehr das Gleiche sein wie zuvor. Durch die Arbeit der

Ärzte, des Pflegepersonals, der Freiwilligen, der Priester und Ordensleute hat ein weltweites Wunder begonnen.

In Manzonis Roman *Die Verlobten* heißt es im Kapitel 24 über jenen Schneider, der ein verhinderter Theologe war: „Nie habe ich gesehen, dass der Herr ein Wunder begonnen hat, ohne es zu Ende zu führen." Es liegt jetzt an uns allen, mithilfe der Gnade Gottes dieses Wunder auf würdige Weise zu vollenden. Wir alle können gemeinsam die ungerechten Strukturen und das zerstörerische Handeln in der Tiefe heilen, die uns untereinander trennen und die Menschheitsfamilie und unseren Planeten bedrohen. Ich denke an die vielen Heilungen, die Jesus bewirkt hat. Er heilte vom Fieber (*Mk* 1,29–34), von der Lepra (*Mk* 1,40–45); er heilte Gelähmte (*Mk* 2,1–12), gab Blinden das Augenlicht (*Mk* 8,22–26; *Joh* 9,1–7), Stummen die Sprache und Gehörlosen das Gehör (*Mk* 7,31–37). Der Menschensohn heilt nicht nur das physische Übel, sondern den ganzen Menschen und die ganze Gemeinschaft.

Dazu gibt es eine beispielhafte Erzählung: Das ist die Heilung des Gelähmten von Kafarnaum (*Mk* 2,1–12). Als Jesus am Eingang des Hauses predigt, bringen vier Männer ihren gelähmten Freund zu Jesus. Da sie aber nicht bis zu ihm vordringen konnten, weil zu viele Leute da waren, schlugen sie ein Loch in das Dach und ließen die Tragbahre dort, wo er predigte, vor ihm herab. „Als Jesus ihren Glauben sah, sagte er zu dem Gelähmten: Mein Sohn, deine Sünden sind dir vergeben." Und fügte als sichtbares Zeichen hinzu: „Steh auf, nimm deine Tragbahre und geh nach Hause." Das Wirken Jesu ist eine Antwort auf den Glauben dieser Menschen, auf die Hoffnung, die sie in ihn setzen. Und auf die Liebe, die sie sich gegenseitig erweisen. Mit der Lähmung heilt Jesus alles: Er vergibt die Sünden und erneuert das Leben des Gelähmten und seiner Freunde. Eine physische und geistliche Heilung, die auch jene einschließt, die im Haus anwesend waren, sowie alle, die von diesem Wunder Kenntnis erhalten. Stellen wir uns vor, wie der Glaube all dieser Personen gewachsen ist. Jesus hat sie neu geboren.

Wir Menschen der Kirche müssen uns fragen lassen, auf welche Weise wir helfen können, unsere Welt zu heilen, auch von den sozialen Krankheiten.

Gibt es Leitlinien, um eine solche Heilung zu vollziehen?

Als Jünger des Herrn haben wir insbesondere den klaren Auftrag, „sein Heilungs- und Heilswerk" fortzusetzen (*Katechismus der Katholischen Kirche*, 1421), und zwar in physischer, sozialer und spiritueller Hinsicht. Allerdings ist die Kirche keine Expertin in Sachen Prävention oder Behandlung der Pandemie, auch gibt sie keine bestimmten soziopolitischen Anweisungen. Dennoch hat sie im Laufe der Jahrhunderte im Licht des Evangeliums einige soziale Prinzipien entwickelt, die wesentlich sind, um zu helfen, vorwärtszuschreiten (*Kompendium der Soziallehre der Kirche*, 160–208). Ich nenne die tragenden Säulen: die Menschenwürde, das Allgemeinwohl, die Option für die Armen, die allgemeine Bestimmung der Güter, die Solidarität, die Subsidiarität, die Sorge um unser gemeinsames Haus. Diese Prinzipien können die politisch und gesellschaftlich Verantwortlichen erleuchten und auch führen.

Das Gebet und der lautlose Dienst sind unsere Siegeswaffen. Die Liebe ist immer der Königsweg aller Glaubenswege. Die christliche Liebe ist aber nicht einfach nur Philanthropie; sie betrachtet den Nächsten einerseits mit den Augen Jesu und sieht andererseits Christus im Antlitz des Bedürftigen. Die Samen der Liebe, die wir auszusäen wissen, werden mit dem Segen Gottes schon in der Gegenwart und erst recht in der Zukunft reiche Früchte tragen.

Auch die Kirche in ihrem Inneren, im Vatikan wie in vielen Diözesen und Pfarreien, zeigt Schwächen, Unzulänglichkeiten, „Schmutz". Das entfremdet sie von den Menschen und Gläubigen. Auf der einen Seite muss sie missratene Systeme aus den Angeln heben, Übeltäter aussondern und bestrafen – man denke nur an die Fälle von Pädophilie –, Gewaltmissbrauch ahnden, waghalsige Finanzspekulationen und Korruption aufdecken. Nicht zuletzt obliegt es ihr aber auch, die roten Zahlen von vielen Konten zu sanieren. Auf der anderen Seite muss sie weiterhin Seelen retten. Wie geht das zusammen?

Es ist Zeit, dass die Kirche das Licht anmacht – und starke Scheinwerfer auf die inneren dunklen Korridore richtet, wo leider zwielichtige Geschäfte abgeschlossen wurden, wo es Korruption, undurchsichtiges Handeln, Machenschaften und Interessenlobbys gibt. Das sind üble Sachen. Ich bin aber zuversichtlich, weil ich sehe, wie sich Türen und Fenster öffnen,

Es ist Zeit, dass die Kirche das Licht anmacht – und starke Scheinwerfer auf die inneren dunklen Korridore richtet, wo leider zwielichtige Geschäfte abgeschlossen wurden.

um eine Luftveränderung herbeizuführen, um verbrauchte und verpestete Luft heraus- und frische Luft hereinzulassen, für eine Atmosphäre der Erneuerung und Aufklärung. Für die Kirche ist es höchste Zeit, Transparenz zu schaffen. Das unterstreiche ich. Transparenz müssen wir erreichen mit Klarheit, ruhiger Hand und Entschiedenheit, in Rom, im Vatikan wie in den entlegensten Pfarreien, auch in den Sakristeien, in den Konventen, den Klöstern und allen katholischen Institutionen.

Doch es muss eine Transparenz ohne Hexenjagd sein: Bis zum Erweis des Gegenteils muss stets die Unschuldsvermutung gelten. Es sind aber nicht nur dunkle Wolken am Horizont. In der letzten Zeit hat der Vatikan, Gott sei Dank, selbst Anzeige erstattet, um die Korruption innerhalb seiner Mauern aufzudecken. Die Mechanismen der Prävention und der Selbstkontrolle funktionieren. Es ist ein Trost und ein Zeichen der Ermutigung: Es ändert sich tatsächlich etwas.

So gehen wir weiter in die Richtung, die im März 2013 während der Versammlungen der Kardinäle, die dem Konklave vorangegangen sind, schon skizziert wurde. Wir Kardinäle haben einen Appell an den neuen Papst gerichtet, der da schon unter uns weilte: Wer gewählt werden würde, müsse diese Schlacht führen, weil es schon seit langer Zeit Winkel gibt, die übel riechen. Sie müssen aufgespürt, gereinigt und kontinuierlich überwacht werden. Daran hängt die Glaubwürdigkeit der Kirche. Vergessen wir aber nicht, dass Unehrlichkeit und Habsucht für jeden Menschen als Versuchung lauern, auch bei vielen Priestern und Bischöfen.

Wie lauten Ihre Schlüsselbegriffe zur Überwindung der Korruption?

Transparenz, Sparen, Nüchternheit, gutes Beispiel geben, ohne der Caritas Geldmittel zu entziehen. Ethisch saubere und ökologische Investitionen fördern. Verhaltensmaßnahmen und Regeln streng und klar befolgen. Es muss Schluss sein mit der Geheimniskrämerei.

Und gegen den Missbrauch und die sexuellen Verbrechen?

Im Kampf gegen die Pädophilie haben wir mit dem Gipfeltreffen im Februar 2019 angefangen, neue Wege zu gehen. Mit der Abschaffung des Päpstlichen Geheimnisses in Fällen von sexueller Gewalt und Missbrauch von Priestern gegenüber Minderjährigen haben wir die Therapie gegen dieses fürchterliche Übel beschleunigt und verschärft. Nun kann die Staatsanwaltschaft in allen Ländern Einblick in die Akten der kanonischen Prozesse nehmen. Das war bisher nicht möglich. Ich glaube, dass das ein Zeichen der Zusammenarbeit mit den zivilen Behörden ist, das seit Längerem erwartet wurde. Hinter dem Schutz des Päpstlichen Geheimnisses hat sich zu oft die Fäulnis des Verschweigens und Vertuschens und das Decken verfehlter Handlungen verborgen. Dann gibt es auch noch das Verbrechen der Pädo-Pornografie: Der Besitz und die Verbreitung pornografischer Bilder von Minderjährigen bis zu 18 und nicht nur bis zu 14 Jahren fallen nun unter die Kategorie der *„delicta graviora"*, d. h., sie gelten als schlimmste Delikte und größte Sünden. Diese beiden Vorkehrungen folgten wenige Monate nach dem Apostolischen Schreiben *Vos estis lux mundi*. Es setzt jetzt für Priester die Anzeigepflicht gegenüber Vorgesetzten fest und die Verantwortung der Bischöfe, nunmehr für Unterlassungen und Vertuschungen Rechenschaft ablegen zu müssen. Die Kongregation für die Glaubenslehre hat einen Leitfaden für die Bischöfe vorbereitet – der für künftige Ergänzungen offen ist –, ein Standardverfahren im Hinblick auf Pädophiliefälle, die von Priestern begangen wurden. Das sind alles Maßnahmen, mit deren Hilfe die Kirche versucht, diese schmerzhafte Wunde zu heilen. Das Drama sexuellen Missbrauchs ist eine verbreitete Praxis, die sich in verschiedenen gesellschaftlichen Bereichen findet, was deren Ungeheuerlichkeit in der Kirche keineswegs mindert. Im Gegenteil, im Bereich der Kirche ist diese Unmenschlichkeit noch viel schwerwiegender. In der verständlichen und gerechtfertigten Wut der Menschen darüber sehe ich einen Reflex des Zornes Gottes, der von schuldigen gottgeweihten Personen verraten wurde. Jeder einzelne Fall muss mit großer Ernsthaftigkeit behandelt werden, ohne irgendwelche Verschleierungen. Wir müssen uns herausgefordert sehen, dieses Übel zu bekämpfen, das die Mitte unserer Mission betrifft: das Evangelium den Unmündigen zu verkünden und sie vor den reißenden Wölfen zu schützen. Die Kirche ist dabei, diesen kühnen Plan zu entwickeln. Entscheidend ist die Selbstreinigung.

Die Kirche,
die nicht
„auf die Straßen"
geht, erkrankt
am Ende an
verbrauchter Luft.

Wie müsste das Verhältnis der Kirche zur Welt sein?

Die Menschheit ist über die gesundheitliche, moralische und spirituelle Krise hinaus verwundet durch eine ökonomisch-finanzielle Krise, die in sehr hohem Maße entmutigt, weil befürchtet wird, dass die Zukunft noch schlimmer werden wird als die jüngere Vergangenheit.

Wenn die Kirche zeigt, dass sie sich wirklich um eine tiefgreifende Reinigung bemüht und diese überzeugend praktiziert, dann wird das ein wertvoller Bezugspunkt für alle sein. Deshalb konzentrieren wir uns darauf, gute und glaubwürdige Hirten heranzubilden, die es verstehen, Vertrauen und Hoffnung zu verbreiten. Priester, Bischöfe, Laien, Ordensfrauen, Ordensmänner, Kardinäle und der Papst sollen wahrgenommen werden als wirklich volksnah und als Träger der Freude. Das ist die Antwort Gottes, als ein Zeichen der Hilfe des Herrn für die Menschen, die eines ehrlichen Lächelns und der Ermutigung bedürfen, und von Menschen, die wirklich fähig sind, das Gemeinwohl in die Mitte zu stellen. Man muss sich bewusst sein, dass die Menschen dringend eine Kirche ersehnen, die versucht, den Schwächsten zu helfen. Das verlangt uns einen leidenschaftlichen Elan ab. Vielleicht stolpern wir über manche Fehler. Aber es lohnt sich, dieses Risiko einzugehen. Denn die Kirche, die nicht „auf die Straßen" geht, erkrankt am Ende an verbrauchter Luft. Als Jünger Jesu suchen wir nicht Konversionen im proselytischen Sinn, sondern als Frucht des ansteckend Guten, das vom Wort Gottes kommt.

Wir wollen die Schwingungen der Herzen unserer Nächsten wahrnehmen, das Verlangen nach tiefgründiger Betrachtung wecken und den Willen, Menschen zu bewegen, die einzigartige und beglückende Schönheit der Begegnung mit dem Herrn zu verkosten. Mit einem Wort: Wir wollen evangelisieren durch Anziehung! Wir wollen aus den Sakristeien ausziehen, um den unbequemen Notleidenden entgegenzugehen in der unnachahmlichen Freude, Christ zu sein. Und ohne das typische Verhalten jener, die meinen, die Wahrheit in der Tasche zu haben, was all diejenigen so sehr irritiert, die nicht fest im Glauben verankert sind. Der geistliche Irrtum entsteht, wenn man sich für gerecht hält.

Bitten wir den Herrn, dass er uns aufmerksame Augen schenkt gegenüber unseren Brüdern und Schwestern, um im anderen vor allem einen Menschen zu sehen mit seinen Schwierigkeiten, Problemen, Ängsten, Schwächen und nicht nur einen potenziellen Gläubigen, der in das Register unserer Pfarrei einzutragen ist. Die Menschen erwarten von der Kirche eine ausgestreckte Hand, offene Ohren und ein Herz, das bereit ist, Barmherzigkeit zu zeigen und keine Urteile, Vorurteile oder Härte. Keine stumpfsinnige Strenge im Hinblick auf die Gebote. Zu oft gibt es in den Pfarreien Brüder des verlorenen Sohnes, die das Verzeihen des Vaters dem schwächeren Sohn gegenüber nicht akzeptieren wollen. Der Weg zu Gott geht über einen leidenschaftlichen Glauben. Denn es ist die echte Passion, die leiden, aber auch jubeln lässt, bevor sie zum Salz der Erde wird. Durch einen realistischen Blick auf das Leben im dritten Jahrtausend können wir die Reflexion über das Wort Gottes beleben und mitten in

Die Quelle von allem, der Sinn von allem und das Ziel von allem ist Gott.

der Welt stehen und sie besser verstehen. Wir müssen religiöse, spirituelle und menschliche Brücken bauen, die dann die Kinder und Kindeskinder benutzen können, um Wege der Freude für die Menschen in der Zukunft zu sein. Auf diese Weise zeigen wir der Welt kraftvoll, dass Gott die Liebe ist und barmherzig.

Das Volk Gottes wird zu seinem Überleben nicht eingebunkert unter den Kirchtürmen verharren, sondern es wird sich aufmachen, um jenen zu helfen, die in Not sind und der materiellen Caritas bedürfen, aber auch diejenigen, die nach der Caritas des Glaubens verlangen. Jene, die einen gebrochenen, verkrüppelten oder ermatteten Glauben haben oder den Glauben gar zurückweisen, werden Hilfe finden in der Hoffnung und in Offenheit jener, die eine festere Bindung zum Herrn haben. Das wird geschehen, ohne dass sich jemand von oben nach unten taxiert und gemustert fühlt. Die Quelle von allem, der Sinn von allem und das Ziel von allem ist Gott.

Ich stelle mir vor, dass Gott sich darum bemüht, in jeder Person wenigstens ein kleines Zeichen des guten Willens zu entdecken, um alle zu retten. Wie tröstlich und ermutigend ist doch ein solcher Gedanke! Es ist der Weg, der zur ewigen Seligkeit führt.

6.

WIE EINE FAMILIE
IN EINEM ZUHAUSE

Worauf ist als menschliches Wesen besonders zu achten?

Die Pandemie hat uns viele Tragödien vor Augen geführt, für die wir keine Lösung kennen: das Sterben in Einsamkeit, die menschliche Hinfälligkeit, unsere Beziehung zur Natur. Jeden Monat fallen Millionen in Armut und Tausende Kinder sterben vor Entbehrung – aber auch durch Kollateralschäden, die in der Epidemie wie kaum sonst ans Licht treten. Wir sind verletzliche Wesen. Wenn alles glattläuft, neigen wir dazu, uns nahezu allmächtig zu fühlen. Ein Virus reicht aber, um alle unsere Überzeugungen als ein zusammenfallendes Kartenhaus zu erleben. Wir können so nicht weitermachen. Dennoch meinen wir, dass wir immer gesund bleiben können in einer Welt, die krank ist durch menschliche Schuld und Hybris. Wir werden Opfer unserer Rücksichtslosigkeit gegen einen Planeten, den wir als eine zufällige Ansammlung von Elementen betrachten, über die wir willkürlich verfügen können. Wir haben Feuer gelegt und Brandbeschleuniger hinterhergeschleudert. Wie können wir uns da einbilden, dass das ewig so weitergeht? Wenn wir das Feuer nicht löschen, wird

Wir werden Opfer unserer Rücksichtslosigkeit gegen einen Planeten, den wir als eine zufällige Ansammlung von Elementen betrachten, über die wir willkürlich verfügen können.

die Umweltbombe früher oder später hochgehen. Die Not im Gesundheitswesen spiegelt ein gewaltiges Ungleichgewicht, das schnellstens beseitigt werden muss. Es wäre verheerend, wenn wir weiterhin jenes verantwortliche Miteinander zwischen der Menschheitsfamilie und der Schöpfung vernachlässigen würden, in dem wir zu leben berufen sind. Wir sind sehr nahe an einem Dammbruch. Wir halten uns die Ohren zu, um den Schrei unseres schwerkranken Planeten nicht zu hören. Die Natur mit ihrer Schöpfungsordnung funkt unablässig den Notruf S. O. S., und wir haben weder hingehört noch sind wir umgekehrt. Denn wir sind gierig nach Gewinn und haben uns von nichtigen Dingen in Beschlag nehmen lassen. Wir sind betäubt durch Wahnsinn. Wir haben nicht aufbegehrt gegen Kriege und Ungerechtigkeiten. Wir haben uns nicht darum gekümmert, den Hungernden zu essen und den Dürstenden zu trinken zu geben. Stattdessen haben wir nur unentwegt weitergemacht in der Überzeugung, dass es schon alles gut ausgehen werde. Unsere Entscheidungen und unsere Unterlassungen und nicht das Schicksal haben uns diese Misere eingebrockt. Nun beginnen wir langsam, uns der gewaltigen Bedeutung bewusst zu werden und „die ganze Menschheitsfamilie auf der Suche nach einer haltbaren und integralen Entwicklung zu vereinen" (vgl. Enzyklika *Laudatio sí*, 13).

Nun gilt es, die Umweltprobleme auf die persönliche und öffentliche Agenda zu setzen. Das ist dringender denn je. Es ist keine Zeit mehr zu verlieren. Wir müssen uns um das gemeinsame Haus kümmern und darin vor allem um die schwächsten Glieder unserer menschlichen Familie. Wie uns die Pandemie des Coronavirus gezeigt hat, können wir nur gemeinsam die globalen Herausforderungen meistern, indem wir uns der Schwächsten annehmen und uns um unsere Kinder und Kindeskinder kümmern, denen wir dieses Haus als Erbe hinterlassen. Es ist die Verantwortung, die „unsere Reise auf dieser Erde kennzeichnet"(vgl. *Laudato sí*, 160).

Fehlt uns nicht das Bewusstsein, diese Verantwortung zu übernehmen?

Wir übersehen zu oft die gegenseitige Abhängigkeit verschiedener Phänomene. Die Klimaveränderung hat nicht nur eine große Auswirkung auf die Umwelt, sie hat auch eine ethische, wirtschaftliche, politische und soziale Dimension, die besonders die Ärmeren betrifft. Obwohl sie kaum Verantwortung für die globale Erwärmung tragen, so sind sie doch die Verwundbareren hinsichtlich ihrer Folgen, weil sie über weniger Ressourcen verfügen, um sich dagegen wehren zu können. Oft sind sie abhängig von der Landwirtschaft, dem am meisten betroffenen Sektor. Wir sind aus irdischer Materie geschaffen und die Früchte der Erde ernähren und erhalten alternativlos unsere Existenz. Aber, wie uns das Buch Genesis in Erinnerung ruft, sind wir nicht nur „irdisch". Wir tragen in uns auch den „Lebenshauch", der von Gott kommt (*Gen* 2,4–7). Wir müssen im gemeinsamen Haus wie eine einzige Menschheitsfamilie leben, in der Lebensunterschiedlichkeit mit allem Geschaffenen.

Wie müsste die Natur von den Gläubigen gesehen werden?

Als Abbilder Gottes sind wir gerufen, Sorge für die Schöpfung und Respekt vor ihr zu haben und Liebe und Mitgefühl für unsere Brüder und Schwestern, insbesondere für die Schwächsten – nach dem Vorbild der Liebe Gottes, die er in seinem Sohn Jesus offenbart hat, der Mensch geworden ist, um unser Leben zu teilen und um uns zu erlösen. In der Natur drückt sich die schöpferische Kraft Gottes in der Erschaffung und Existenz menschlichen Lebens aus im Zusammenspiel mit dem Planeten und allem, was auf ihm existiert, um die Menschen zu ernähren. Da müsste doch allen klar sein, dass es für uns keine Zukunft gibt, wenn wir die Umwelt zerstören. Es gibt ein spanisches Sprichwort, das sagt: „Gott verzeiht immer. Wir Menschen verzeihen hin und wieder. Die Erde aber verzeiht nie." Wenn wir die Erde weiterhin ruinieren, wird ihre Reaktion grausam sein. Deshalb ist ein jeder von uns – alle, Gläubige und Nichtgläubige – aufgerufen, wieder eine harmonische Beziehung zur Natur und zu den Menschen herzustellen.

Wie dringend sehen Sie diese Fragen?

Wir dürfen die großen Ungleichzeitigkeiten und die Zerstörung der Umwelt nicht mehr länger hinnehmen. Der Weg zur Rettung der Menschheit führt über das Nachdenken neuer Entwicklungsmodelle, in denen das Zusammenleben der Völker im Einklang mit der Schöpfungsordnung als integral und unabdingbar festgelegt wird, und zwar in dem Bewusstsein, dass jedes individuelle Handeln, im Guten wie im Bösen, Folgen für die anderen hat, weil alles miteinander verbunden ist. Alles!

Wenn es uns gelingt, unsere Produktionsrate neu zu justieren und unseren Konsum zu verringern, indem wir zu einer neuen Einfachheit finden und diese schätzen, wenn wir lernen, die Natur zu verstehen und zu betrachten, dann können wir in einen neuen Einklang mit der Schöpfung treten. Um dieses Ziel zu erreichen, kann uns auch der Weltgebetstag für die Sorge um die Schöpfung helfen, der jedes Jahr am 1. September stattfindet. Wenn wir unsere Lebensgewohnheiten ändern, die Millionen von Menschen, vor allem Kinder, in die Hungersnot treiben, und ein einfacheres Leben führen, würde das eine gerechtere Verteilung der Ressourcen ermöglichen. Das bedeutet nicht, die Rechte einiger Menschen zu beschneiden, um eine Gleichstellung nach unten zu bewerkstelligen, sondern zielt darauf ab, jenen mehr und wichtige Rechte zukommen zu lassen, denen diese bisher nicht zuerkannt worden sind und die deshalb diesen Schutz auch nicht genießen konnten. Die gegenwärtige Epoche möge unser eingeschlummertes und ruheloses Gewissen aufrütteln und uns ermutigen, eine menschliche und ökologische Umkehr zu wagen, die der Vergötzung des Geldes ein Ende bereitet: Das Leben und die Würde müssen Vorrang haben.

Wie definieren Sie Würde?

Würde ist das Fundament jeglicher Sozialstruktur. Das Zweite Vatikanische Konzil betont, dass die Würde der menschli-

Jedes individuelle Handeln hat, im Guten wie im Bösen, Folgen für die anderen, weil alles miteinander verbunden ist. Alles!

chen Person unveräußerlich ist, weil der Mensch „nach dem Bild Gottes geschaffen ist" (vgl. Pastoralkonstitution *Gaudium et spes*, 12). In der säkularen Kultur drängt sich die Allgemeine Erklärung der Menschenrechte als Referenzpunkt auf. Das erneuerte Bewusstsein der Würde jeder menschlichen Person hat ernsthafte und heilsame soziale, wirtschaftliche und politische Auswirkungen. Indem wir den anderen mit brüderlichem Blick betrachten und die Schöpfung als Geschenk der Liebe des Vaters ansehen, werden Aufmerksamkeit, Sorge und Staunen geweckt und Verachtung und Feindschaft überwunden.

Was sind die wichtigsten gesellschaftlichen Herausforderungen unserer säkularen Welt?

Die Gesellschaft ist konkurrenzorientiert, individualistisch und hemmungslos. Wir finden heute kaum noch Zeit, um darüber nachzudenken, wie wir leben, was wir besitzen, was wir vergessen und welche Fehler wir begehen. Wir sind überwältigt von Produktionsrhythmen und einer ängstlichen Konsumbesessenheit, ohne dass wir uns bewusst machen, dass die Gewinne nur für einige Privilegierte sind, während der größte Teil der Frauen und Männer verzweifelt nach einem Rettungsanker sucht, für sich selbst, die eigenen Kinder und für ihre Alten und Kranken.

Wir haben eine radikale Umkehr nötig, eine Sinnesänderung und einen Neuanfang, um uns nicht länger abzuwenden von denen, die aufgrund schlechter oder mangelnder und fehlender Ernährung sterben. Diese Not hat in jüngster Zeit durch die Pandemie drastisch zugenommen, besonders in Gebieten, die durch Kriege, extreme Ungleichheit, klimatische Veränderungen und gestörte Nahrungsmittelsysteme gezeichnet sind, die Millionen von Kleinproduzenten und Agrararbeitern in die Armut treiben. Das geschieht, während die größten Unternehmen, auch in der Lebensmittelbranche, gleichzeitig gewaltige Gewinne kassieren!

Welche Fragen beschäftigen Sie insbesondere?

Durch die Gefährdung der Umwelt, das ungerechte und unhaltbare Ernährungssystem, werden jeden Tag viel zu viel Nahrungsmittel vergeudet. Ich bin weder ein Experte noch ein Fachmann, aber ich meine, dass zu wenig in die ländlichen Räume investiert wird, um eine alternative und erträgliche Landwirtschaft sowie Handelssysteme zu fördern, die Kleinproduzenten und natürliche Ressourcen schützen. Stattdessen wuchern kolossale industrielle Agrarprojekte, die das Klima verunreinigen und vergiften. In vielen Gebieten fehlt Wasser, nicht nur Trinkwasser, auch Wasser für die Hygiene, für die Vorbereitung der Speisen und für die Landwirtschaft. Die Wasserknappheit und deren Kontrolle in den Händen weniger könnte weitere Konflikte heraufbeschwören.

Vergessen wir dabei auch die eingeborenen Völker und ihre unverletzlichen Menschenrechte nicht. Wir dürfen ihre Identität nicht gering schätzen, ebenso wenig die Fähigkeit dieser Menschen, ihre Lebenswirklichkeit in Freiheit und Verschiedenheit zu bewahren. Wir dürfen ihre Gebiete nicht missbrauchen und ausbeuten und ihren Lebensraum zerstören.

Die Welt braucht dringend Maßnahmen gegen jegliche Form von Verschmutzung auf internationaler, nationaler und lokaler Ebene. Dabei bedarf es auch einer Vorbeugung und Erforschung in den Bildungsinstitutionen. Durch Erfahrungen mit der Natur und durch Verbesserung der Umwelt könnten die Schüler von heute Meister werden, die ihre Bildungsprogramme morgen hinsichtlich Landwirtschaft und Ökologie weitergeben, die das Verhältnis zwischen Klimafragen und sozialen Problemen, wie etwa der Armut, klären. Wie viel Gutes kann der ständige direkte Kontakt mit der Natur erzeugen in Verbindung mit anderen, angefangen bei den Kindern.

Welche Zeichen ermutigen Sie zu dieser Sicht?

Verschiedene Volksbewegungen von unten, aber auch einige Institutionen und Vereinigungen versuchen schon heute, unser gemeinsames Haus mit neuen Augen zu betrachten: nicht mehr als ein Lager auszubeutender Ressourcen, sondern durch ein nachhaltiges Verhalten wie einen kostbaren heiligen Garten, der Respekt verdient. Es braucht einen verantwortlichen Konsum, auf natürliche Materien abgestimmte Produktionsformen und erneuerbare Energien, die allen zur Verfügung stehen. Es gibt eine Bewusstseinshaltung unter den Jugendlichen, insbesondere bei den ökologischen Bewegungen. Wir erwachsenen und älteren Menschen sind geru-

*Wir brauchen eine
Mentalitäts- und
Blickänderung und
vor allem eine
spirituelle
Bekehrung, die zu
einem neuen
Bewusstsein führt.*

fen, ihre ökologische und die Umwelt betreffende Sensibilität zu unterstützen und, wenn nötig, zu korrigieren, aber vor allem zu begünstigen und zu fördern. Durch den persönlichen Lebensstil, mit Handlungsvorschlägen und gemeinsamen Organisationen, insbesondere im sozialen und politischen Bereich, müssen wir immer zugunsten der Umwelt handeln, die unser Lebensraum ist.

Dieses Bemühen ist christlich verwurzelt in der biblischen Anthropologie sowie in der Soziallehre der Kirche, die wir mit denen teilen müssen, die sich als nicht gläubig bezeichnen. Wir müssen bei unserem täglichen Verhalten beginnen. Es geht um das konkrete Handeln, das unmittelbare Vorteile mit sich bringt, wenngleich sie manchmal unmerklich scheinen. Vor allem aber formt und fördert es die Kultur, die Schöpfung nicht zu beschädigen, zu verderben und zu zerstören. Wenn wir die Hemdsärmel nicht hochkrempeln und uns umgehend um die Erde kümmern mit einer ökonomisch-ökologischen Wende und die technologischen Erfindungen dahingehend in Gang setzen, wird unser gemeinsames Haus einstürzen. Wir dürfen keine Zeit mehr verlieren. Es bedarf einer integralen ökologischen Kehrtwendung, die die Achtung der Person, die Achtung der Umwelt sowie die persönliche und kollektive, die private und öffentliche gegenseitige Achtung bündelt. Wir brauchen eine Mentalitäts- und Blickänderung und vor allem eine spirituelle Bekehrung, die zu einem neuen Bewusstsein führt im Verhältnis des Menschen zu sich selbst, zum anderen, zur Gesellschaft, zur Schöpfung und zu Gott, in der wir gut leben, nicht in dem Sinne, dass wir es uns einfach gut gehen lassen, sondern indem wir mit der Erde in Einklang leben. Auch dadurch, dass wir wieder fähig werden, die Schönheiten der Natur, die der Herr geschaffen hat, zu bestaunen und uns über sie zu freuen.

7.

ÖKOLOGISCHE WIRTSCHAFT UND FINANZEN

Was verstehen Sie unter „grüner Wirtschaft"?

Die gegenwärtigen Wirtschaftsmodelle erscheinen aus mehreren Gründen unhaltbar: Konsumismus, Spekulationen, Abhängigkeit von fossilen Brennstoffen, Manipulation der Technologien, Investitionsknappheit in die Arbeit. Durch einen ehrlichen, mutigen, uneigennützigen und weitsichtigen Vertrag zwischen den Menschen kann hingegen eine neue Ökonomie – auf lokaler, nationaler und internationaler Ebene – entstehen, der auf die ökologischen Aspekte Rücksicht nimmt. Ein neues System, in dem die Reichtümer allen zugutekommen, nicht nur einigen Privilegierten, und das nicht mehr zwingt, Mauern aufzurichten, sondern sich in Beziehungen zu verwirklichen. Denn die Personen haben größeren Wert als die Sachen und zählen mehr als die Besitztümer. Es ist möglich, integrale Entwicklungsmodelle für Arme auf die Beine zu stellen, die über das bloße Sozialhilfesystem hinausgehen. Wenn wir den oft heldenhaften sozialen und freiwilligen Diensten konkrete Projekte an die Seite stellen, um die Probleme zu lösen, könnten wir zu einer Wirtschaft gelangen, die nicht auf Mittel zurückgreift, welche die Gesellschaft in Wirklichkeit vergiften, weil sie z. B. Erträge unabhängig von würdigen Arbeitsplätzen betrachtet, die dafür geschaffen werden sollten (vgl. *Evangelii Gaudium*, 204). Diese Art von Gewinn ist von der realen und erwünschten Wirtschaft getrennt, die den einfachen Menschen Nutzen bringen sollte (vgl. *Laudato sí*, 109). Die Vorzugsoption für die Armen ist eine ethisch-soziale Herausforderung, eine Wirtschaft zu entwickeln, in der Menschen, angefangen bei den Bedürftigsten, in den Programmen an erster Stelle stehen. In *„Laudato sí"* denke ich über ein kreisförmiges Modell nach, das uns vor einer Welt des sozialen Ausschlusses und einer Umweltzerstörung bewahrt. Wie das von einer interdikasteriellen Kommission des Heiligen Stuhls vorbereitete Dokument über die integrale Ökologie mit dem Titel *„Unterwegs zur Pflege des gemeinsamen Hauses"* (im Original: „In cammino per la cura della casa comune – A cinque anni dalla Laudato sí") betont hat, kann die kreisförmige Wirtschaft eine Alternative sein zur herkömmlichen Form (produzieren, verbrauchen, verwerten). Die Ressourcen werden so nicht übermäßig ausgebeutet, indem man sie so lange wie möglich funktional nutzt und daraus den höchsten Wert erzielt und die Produkte und Materialien an jedem Zyklusende wiederverwertet. Der Übergang zu einer derart zirkularen Wirtschaft kann sich als positiv für alle erweisen. Es handelt sich um eine neue Weise, die Märkte, die Beziehungen zu den Verbrauchern und zu den natürlichen Ressourcen neu zu denken und zu konzipieren, indem das Abfallkonzept überwunden wird: Alles hätte und behielte in dieser neuen Wirtschaftsform einen Wert.

Und was denken Sie über die Finanzen und dem Beziehungs-
geflecht zu Regierungen?

Wenn es gelingt, diesen Komplex von der dominierenden
Spekulationsmentalität zu befreien und ihm eine Seele zu
geben, die sich nach Gerechtigkeit ausstreckt, könnte man
das Ziel ansteuern, das Gefälle zwischen jenen, die als kre-
ditwürdig erachtet werden, zu jenen zu verringern, die nicht
so betrachtet werden. Wenn dann eines nicht allzu fernen
Tages Voraussetzungen geschaffen sein werden, dass jeder
Arbeiter entsprechend ethischer Prinzipien investieren kann,
wird man auch dazu kommen, die Unterstützung von Unternehmen zu begrenzen, die der Umwelt und dem Frieden
schaden. In dem Zustand, auf den die Menschheit zugeht,
wird es skandalös sein, Industrien zu finanzieren, die nicht
zur Inklusion der Ausgeschlossenen und zur Förderung der
Geringsten beitragen und das Gemeinwohl schädigen, indem
sie die Schöpfung verschmutzen. Um auszuwählen, welche
Unternehmen zu unterstützen sind, gibt es vier Kriterien:
Einschluss der Ausgeschlossenen, Förderung der Geringsten,
die Sorge um das Gemeinwohl und die Sorge um die Schöpfung. Ein gerechtes und inklusives Finanzsystem, das durch
Paradigmen integraler Finanzinvestitionen bewertet wird,
die der Umwelt und der sozialen Verträglichkeit Rechnung
tragen und nicht nur auf die wirtschaftlichen Gewinnaus-
sichten abzielen, könnte die Armut verringern und zugleich
das gute Leben in großen Teilen der Welt fördern.

8.

KEINE ZUKUNFT OHNE UNIVERSALE BRÜDERLICHKEIT

Wir sind dabei, eine der schlimmsten humanitären Krisen nach dem Zweiten Weltkrieg zu meistern. Die Länder haben Notmaßnahmen erlassen, um die Pandemie und eine dramatische globale wirtschaftliche Rezession zu bekämpfen. Was ist von den Regierenden zu erwarten?

Die Folgen der Epidemie haben auf extreme und tragische Weise Störungen offenbart, die schon lange unter uns existieren. Nun geht es darum, die Trümmer einer alten Ordnung neu zusammenzusetzen. Diese schwere Aufgabe obliegt jenen, die Regierungsverantwortung tragen. Ich bete deshalb für die Regierenden, die Staats- und Regierungschefs, die Gesetzgeber, die Bürgermeister, die Präsidenten der Regionen und für all jene, die soziale Rollen haben, dass sie die Verantwortung für die Sorgen der Völker erkennen und annehmen, auch durch notwendigerweise oft unpopuläre Entscheidungen. Sie müssen in besonderer Weise unterstützt werden. Sie brauchen das Gefühl, dass sie durch das Gebet und durch die Ermutigung der Menschen begleitet werden. In einer Zeit der Sorge um die Zukunft, die sich als ungewiss erweist, um den

Arbeitsplatz, der in Gefahr ist, verloren zu gehen oder bereits verloren gegangen ist, um das Einkommen, das immer seltener ausreicht, und in Sorge um die anderen Folgen, die die gegenwärtige Krise mit sich bringt, ist es sehr wichtig, ehrlich, transparent und weitsichtig zu handeln. Jeder von uns ist aufgerufen, Gleichgültigkeit, Korruption und Verbindungen mit der Kriminalität zu bekämpfen, nicht nur die Regierenden.

Welches Prinzip könnte uns dabei inspirieren?

Die Pandemie hat die dramatische Situation der Armut und die große Ungleichheit, die in der Welt herrscht, zum Vorschein gebracht. Ein kleiner Teil der Menschheit ist vorwärtsgeschritten, während die Mehrheit zurückgeblieben ist. Diese Epidemie hat vor allem die Schwächsten getroffen. Das Virus hat die bereits vorhandenen Ungleichheiten und die Diskriminierung vergrößert. Das, was im Gange ist, kann allen die Augen öffnen. Es ist Zeit, die sozialen Ungerechtigkeiten und Ungleichheiten zu beseitigen. Wenn wir die Prüfung als eine Möglichkeit zur Besserung sehen, können wir eine Zukunft im Zeichen menschlicher Brüderlichkeit vorbereiten, zu der es keine Alternative gibt, weil es ohne eine gemeinsame Vision keine Zukunft gibt – für niemanden. Wenn wir uns nicht des anderen annehmen, beginnend bei den Geringsten, die am meisten getroffen sind, die Schöpfung eingeschlossen, ist die Welt nicht zu heilen. Die Grenzen fallen, die Mauern brechen ein, die Rivalitäten zerbröseln und die Reden der Ult-

*Wenn wir die
Prüfung als
eine Möglichkeit
zur Besserung
sehen, können
wir eine Zukunft
im Zeichen
menschlicher
Brüderlichkeit
vorbereiten, zu
der es keine
Alternative gibt.*

ras und Hardliner verstummen angesichts einer fast nicht wahrnehmbaren Präsenz wie des Virus, das die Zerbrechlichkeit unserer Existenz offenbart. Wenn die verantwortlichen Führer der Nationen diese Lektion lernen, mit all jenen, die soziale Verantwortung tragen, werden sie die Völker der Erde in eine blühendere und brüderliche Zukunft führen. Die Staatsoberhäupter sollten miteinander sprechen, sich ausführlich austauschen und Strategien vereinbaren. Immer wieder hingegen sehen wir nur Kompromissversuche, die sich in Rauch auflösen, ohne dass wirklich aufeinander gehört wird. Halten wir uns dabei vor Augen, dass es Schlimmeres gibt als diese Krise: Das ist das Drama, die Chancen zu vertun, die sie bietet. Aus einer Krise kommen wir nicht unverändert heraus: Entweder wir kommen besser heraus oder schlechter.

Wie könnten wir denn diese Chance vertun?

Indem wir uns in uns selbst verschließen. Wenn wir hingegen eine neue Weltordnung in Angriff nehmen, die auf Solidarität gründet, und innovative Methoden studieren, um miteinander Vorurteile, Armut und Korruption zu bekämpfen, ohne dass wir die Verantwortung anderen überlassen, dann könnten wir die Ungerechtigkeiten überwinden. Wir arbeiten daran, medizinische Versorgung für alle bereitzustellen. Vermeiden es, uns mit bequemen Ausflüchten und verharmlosenden Floskeln dafür zu rechtfertigen, dass wir nicht das tun, was den Absturz und die schwerwiegenden

Folgen dessen, was wir erleben, verhindert. Wir können aber wieder auf die Füße und die Beine kommen, wenn wir konkret und sichtbar zusammenhalten. Wenn wir hingegen weiterwursteln und versuchen, den anderen überlegen zu sein, zerstören wir die rettende Harmonie. Es ist die Logik der Herrschaft, andere zu dominieren, und das schafft verheerende Störungen. Die Harmonie ist eine andere Sache: Sie ist ein Dienst, der hilft, die menschliche Würde anzuerkennen. Es ist jene Harmonie, die von Gott kommt, mit dem Menschen im Zentrum.

Wie lässt sich denn die Mentalität verändern?

Wir müssen uns bewusst werden, dass Gleichgültigkeit und Individualismus oder Aussagen wie „was mich nichts angeht, interessiert mich nicht", schlechte, schädliche Einstellungen sind. Die gemeinsame Anstrengung gegen die Pandemie hingegen kann helfen, dass wir alle den Wunsch spüren, die brüderlichen Banden als Glieder einer einzigen Familie zu stärken. Jeder Einzelne ist wichtig, aber die solidarische Gemeinschaft ist in diesem planetarischen Notfall wichtiger. Wenn wir wie ein gemeinsames Volk handeln, werden wir auch die Epidemie überwinden, um Brücken zu bauen und Mauern und Uneinigkeiten zu beseitigen. Wir werden uns, angefangen bei den Verantwortlichen der Nationen, als Teil einer einzigen Familie erkennen und wahrnehmen und uns gegenseitig stützen. Die stärkeren Nationen werden den schwächeren zu Hilfe kommen. Das ist nicht unmöglich, das ist keine Utopie. Wenn wir daran glauben, können wir es gemeinsam schaffen. Die Antwort der Christen in den Stürmen des Lebens kann nur lauten: Barmherzigkeit. Sie ist in mitleidvoller Liebe allen gegenüber auszuüben, vor allem jenen gegenüber, die es schwer haben. Das christliche Mitleid kann auch eine gerechte Verteilung zwischen den Nationen und ihren Institutionen inspirieren, um der gegenwärtigen Krise in solidarischer und überzeugender Weise Herr zu werden, ohne weiterhin Machenschaften aus privaten, wirtschaftlichen und machtpolitischen Interessen vorherrschen zu lassen. Wir müssen uns aktiv ans Werk machen zugunsten des Gemeinwohls der Bürger und die Mittel und das notwendige Instrumentarium zur Verfügung stellen, um allen ein würdevolles Leben zu garantieren, beginnend an den Rändern, bei den Flüchtlingen und Obdachlosen. Ohne dass wir jene vergessen, die zurückgeblieben sind, ohne jene schwachen und ausgeschlossenen Brüder und Schwestern alleinzulassen, die es in allen Teilen der Welt gibt. Wenn wir vereint und gemeinsam neu starten, und zwar auf familiärer, sozialer, gemeinschaftlicher, politischer und internationaler Ebene, dann können wir von der Pandemie und auch von sozialen Krankheiten genesen.

Wo konkret könnten wir beginnen?

Beim sofortigen Beenden aller Konflikte, die noch immer sehr viele Regionen weltweit in Blut baden. Der Friede! Über die Krisen hinaus, welche die Bevölkerungen geißeln, darf

*Die Antwort der
Christen in den
Stürmen des Lebens
kann nur lauten:
Barmherzigkeit.
Sie ist in
mitleidvoller Liebe
allen gegenüber
auszuüben.*

die Internationale Gemeinschaft die Suche nach dem Frieden nicht vergessen. Die Verringerung und die Absage jeglicher Feindseligkeit ist der erste Schritt, um die Ungerechtigkeiten und Ungleichheiten zu beseitigen. Wir können ohne Frieden nicht genesen! Es wäre traurig, wenn das Gegenteil gewählt würde. Das würde Tod oder mühevolles Leben für Millionen von Menschen bedeuten. Es ist nicht mehr hinzunehmen, dass weiterhin Waffen produziert und mit Waffen gehandelt wird und dafür ungeheure Gelder ausgegeben werden, die für die Behandlung der Menschen gebraucht würden, um Leben zu retten. Heutzutage werden für die Militärausgaben absurde Summen aufgewendet, während Kranke, Arme, ja ganze Bevölkerungsteile in den Kriegsgebieten unschuldig der Gewalt zum Opfer fallen, einer Gewalt, über die an den Tischen der Macht aus ökonomischen Interessen entschieden wird. Zu viele Führer nutzen die Spannungen zwischen den Ländern aus.

Der Gesundheitsnotstand und die sozio-ökonomische ökologische Zerrüttung weiten die Schere zwischen Reichen und Armen und den Gebieten, wo Frieden, Wohlstand und Aufschwung herrschen, und den Gebieten, wo es Konflikte und ökologische Verwüstungen gibt. Man darf nicht länger übersehen, dass es einen Teufelskreis gibt zwischen bewaffneten Gewalttätigkeiten, Armut und vernunftloser, irrsinniger Ausbeutung der Umwelt. Das ist ein Zyklus, der die Versöhnung verhindert, Verletzungen der Menschenrechte befördert und jede nachhaltige Entwicklung behindert. Gegen dieses planetarische Unkraut, das die Zukunft der Menschheit zu ersticken droht, bedarf es eines politischen Handelns, das internationale Einigkeit erfordert. Die Konflikte können nicht durch Kriege gelöst werden, sondern dadurch, dass Rivalitäten und Gegensätze überwunden werden. Auf diese Weise ist es möglich, wirksam für das wahre höchste Gut der Nationen zu arbeiten: Das ist die menschliche Familie, die in Liebe, Respekt und Vernunft zusammenlebt.

Als Brüder und Schwestern sind die Menschen in der Lage, gemeinsamen Bedrohungen ohne gegenseitige Beschuldigungen, Instrumentalisierungen der Probleme, kurzsichtigen Nationalismen und eine Propaganda der Abschottung, des Isolationismus und andere Formen des politischen Egoismus entgegenzutreten. Mich erschrecken Herrschaftsattitüden der Isolierung. Ein Land darf souverän sein, aber nicht verschlossen. Die Souveränität ist zu verteidigen, aber die Beziehungen mit den anderen Ländern müssen auch geschützt und gefördert werden, vor allem jetzt. Wenn wir in dieser Zeit etwas gelernt haben, dann dies, dass niemand sich allein retten kann.

Welche Gefahr droht denn, wenn wir das nicht gelernt haben?

Dann wird früher oder später einer über den anderen herfallen. Dann werden wir unsere Erde endgültig zerstören. Niemand kann sich sicher fühlen. Die Welt erfleht sehnsüchtig einen allgemeinen Waffenstillstand und zuglcich ein Einfrieren der Produktion von Waffen und deren Handel. In der Zwischenzeit, in der wir eine Kultur der Gewaltlosigkeit, der Begegnung und des Multilateralismus fördern, entwickeln

*Wenn wir in
dieser Zeit etwas
gelernt haben,
dann dies, dass
niemand sich allein
retten kann.*

wir Vertrauen und gegenseitigen Respekt ohne Invasionsängste, wobei wir uns von der Kenntnis des anderen bereichern lassen. Das sind die wirklichen Fundamente der Sicherheit und nicht die Waffen. Diese weitsichtige Vision und entsprechender Mut sind notwendig. Es soll nicht mehr in die Instrumente des Todes der militärischen Mittel, sondern in das Gesundheitswesen, die Ökologie, die Ernährungssicherheit und die Beschäftigung investiert werden. Es wäre eine Investition in das Leben aller.

Der Tsunami der Pandemie hat den Arbeitsmarkt schwer angeschlagen. Jetzt auch noch die Kriegsindustrie zu verringern, würde weitere Arbeitsplätze kosten. Wie lässt sich dieses Dilemma lösen?

Ich habe mich gefreut zu sehen, dass einige Waffenfabriken in Italien ihre Produktion umgestellt haben, um stattdessen Lungenmaschinen zum Gemeinwohl herzustellen, an denen dringender Bedarf herrschte. Genau das ist der Weg: Kreativität führt aus der Krise. Kreativität und nicht nutzloser Alarm sollte eine politische und unternehmerische Methode werden.

9.

NIEMAND IST EIN FREMDER

Sie haben im Eingangsbereich des Apostolischen Palastes ein Kreuz aufstellen lassen, das zwei Jugendliche gebracht haben. Es ist ein Kreuz aus transparentem Harz, in dessen Mitte sich die Schwimmweste von einem der vielen namenlosen Flüchtlinge aus dem Mittelmeer befindet. Warum?

Das Kreuz ist ein Symbol, das im Zentrum der römisch-katholischen Kirche aufgestellt wurde.

Welche Botschaft verbinden Sie damit?

Das wichtigste Recht für alle: Das ist das Recht auf Leben. Die Flüchtlinge kommen vor allem, um vor dem Krieg und dem Hunger zu flüchten. Die Schiffe im Meer zu blockieren, löst das Problem nicht. Man muss die Schlepper anzeigen, die Internierungslager leeren, den Internierten zu Hilfe kommen und sie retten. Denn wir sind alle verantwortlich für das Leben unseres Nächsten. Wir sind aufgerufen, denen unter die Arme zu greifen, die es dringend nötig haben, so wie es der barmherzige Samariter getan hat (*Lk* 10,25–37). Der Herr wird uns beim Gericht danach fragen. Das ist die zweite Rettungsweste, die ich als Geschenk bekommen habe. Die erste ist mir von einer Gruppe von Lebensrettern geschenkt worden. Sie gehörte einem Mädchen, das im Mittelmeer ertrunken ist. Ich habe sie den beiden Untersekretären der Abteilung Flüchtlinge des Dikasteriums für die integrale menschliche Entwicklung geschenkt und ihnen gesagt: „Das ist eure Mission!" Es ist unsere Mission. Es ist die unumgängliche moralische Aufgabe der Kirche und der Verantwortlichen für Politik und Soziales, die Gläubige und Nichtgläubige vereint: dazu beizutragen, das Leben von Menschen, die ins Unglück geraten sind, zu retten.

Der Herr wird von uns Rechenschaft verlangen für alle Flüchtlinge, die auf der Flucht ums Leben gekommen sind, und für alle Opfer einer Zivilisation des Abfalls. Die Rettungsweste des unbekannten Flüchtlings repräsentiert den Tod eines Opfers aus jener unüberschaubaren Menschenmenge, der durch Unrecht verursacht wurde, weil Ungerechtigkeit die Verzweifelten zwingt, Wüsten zu durchqueren und ihre Heimat zu verlassen. Deshalb müssen wir Augen und Herz öffnen, um mit allen Schiffbrüchigen solidarisch zu sein, sie zu empfangen, zu begleiten und ihre Präsenz im Ankunftsland zu unterstützen. Es ist eine christliche Aufgabe, die aus dem Evangelium stammt. Natürlich ist es ebenso richtig, mit Klugheit zu reagieren – als Kunst und Tugend des Regierens – und darüber nachzudenken, wie viele Einwanderer aufgenommen werden können. Wenn die Zahl größer ist als die Möglichkeiten, sie aufzunehmen, dann kann dieser Zwiespalt aufgehoben werden durch die Solidarität und gegensei-

Der Herr wird von uns Rechenschaft verlangen für alle Flüchtlinge, die auf der Flucht ums Leben gekommen sind, und für alle Opfer einer Zivilisation des Abfalls.

tige Absprache mit anderen Ländern. Wenn wir in jeder Person – welcher Rasse, Sprache oder Kultur sie auch immer angehört – die menschliche Würde erkennen und mit jenen, die ankommen, den Dialog suchen, werden wir menschlich und kulturell, als Einzelne und als Gesellschaft durch sie beschenkt werden.

Was heißt das, den Dialog mit ihnen suchen?

Der Dialog ist keine magische Formel. Er setzt voraus und bringt mit sich, dass ich verstehe, zum Herzen der Menschen zu sprechen, ihnen mit Hingabe zu begegnen und vor allem, ihnen bewusst zuzuhören. Das gilt auch und gerade im Hinblick auf die anderen Religionen. Wir sind aufgerufen, mit den Gläubigen anderer Religionen in den Dialog zu treten, um die Zukunft unserer Gesellschaften und unserer Städte zu gestalten, sie als Partner zu betrachten, und um ein friedliches Zusammenleben zu ermöglichen, auch dann, wenn es gewalttätige und erschütternde Attacken durch fanatische Gruppen gibt.

Auf diese Weise können wir ein Netz der Liebe ausspannen, das jede Versuchung von Abschottung und Schützengrabenidentität überwindet. Unsere Welt ist durch verschiedene Transit-, Handels – und Konfliktzonen geprägt, die eine Reihe von schwerwiegenden Problemen aufwerfen. Sie können in einigen Fragen ausgedrückt werden, die wir bei der Interreligiösen Begegnung in Abu Dhabi im Februar 2019 formuliert haben: „Wie können wir uns in der einzigen

Menschheitsfamilie gegenseitig schützen? Wie können wir ein friedvolles Zusammenleben fördern, das von universaler Brüderlichkeit geprägt ist? Wie können wir die Aufnahme des anderen in unsere Gemeinschaften bewältigen und die Aufnahme derer, die uns fremd sind, weil sie einer anderen religiösen und kulturellen Tradition angehören? Wie können die Religionen Wege der Brüderlichkeit schaffen ohne Trennungsmauern?"

Welche Antwort geben Sie auf diese Fragen?

Wenn wir die spirituellen und intellektuellen Kräfte bündeln, können wir einen Neuanfang starten, der auf der Aufnahme und dem aufrichtigen Dialog mit den Fremden gründet, und zwar in der Weise, dass sich niemand mehr als Fremder fühlt, an keinem Ort. So werden inklusive und brüderliche Gemeinschaften gebildet, die bereit und imstande sind, die Schöpfung zu bewahren. Wir Christen wollen dazu unseren Beitrag leisten durch die Verkündigung des Evangeliums auf den Spuren des heiligen Franz von Assisi, wie er sie in den „*Regola non bollata*" niedergelegt hat, nach der Reise des Heiligen in den Orient. Da hat Franziskus eine Weise aufgezeigt, wie sich ganz einfach als Christ von denen leben lässt, „die sich nicht auf Streitigkeiten und Streitgespräche einlassen, aus Liebe zu Gott jedem Menschen unterordnen und sich dadurch als Christen zu erkennen geben".

Als Jünger des Herrn verkünden wir so den christlichen Glauben als Zeugnis für Jesus und für die Liebe Gottvaters zu allen Menschen aller Orte und aller Zeiten, mit einem Lebensstil und einer Form der Verkündigung ohne Proselytismus und ohne aggressive Debatten des Widerspruchs. Der Rat des heiligen Franziskus lautet: „Verkündigt das Evangelium – wenn nötig auch mit Worten."

Das ist das Zeugnis, das jeglicher Versuchung zur Eroberung, Wiedereroberung und Abschottung widersteht und von innen her mit den Menschen in Einklang kommt, mit ihren Kulturen, ihrer Geschichte, ihren unterschiedlichen religiösen und sozialen Traditionen, ihrer Sprache und ihren Gewohnheiten. Wir erleben zurzeit weltweit drei große Gefahren: die Zerstörung der Umwelt, die Kriege, die Folgen der Pandemie. Wenn wir Gläubige nicht fähig sind, das Leben und unsere Beziehungen einer Revision zu unterziehen, uns gegenseitig zu helfen und miteinander zu beten, ist unsere Zivilisation dem Untergang geweiht. Wenn wir hingegen lernen, alle Räume als mögliche Brücken unter den Menschen zu begreifen und zusammen einen neuen Blick auf unsere Geschichte zu entwickeln, werden wir zu einer Gemeinschaft finden, die offen ist für Begegnungen und zu gegenseitiger Inkulturation, in einem Gleichgewicht zwischen der Bewahrung der eigenen Wurzeln und der Öffnung zur Welt.

Wie lässt sich dieses Gleichgewicht erreichen?

Ich würde beginnen mit dem Blick auf unsere Wurzeln und unsere Gegenwart, ohne zu überzeichnen: Die Identität ist ein kultureller, nationaler, politischer, geschichtlicher und künstlerischer Reichtum. Jede Nation besitzt diesen Reichtum, aber er muss durch den Dialog integriert werden. Wenn man von der eigenen Identität ausgeht und sich dem Dialog öffnet, erhält man durch die Identität der anderen etwas Größeres, nämlich Zugang zu bisher unbekannten Sensibilitäten und Erfahrungen. Wenn wir zum Herzen der Menschen sprechen und wenn dabei erfahrbar wird, dass wir in konstruktiver, friedfertiger und hoffnungsvoller Weise reden, dann versteht jeder Mensch, dass das Ganze mehr ist als seine Einzelteile. Die Einheit der Globalisierung ist nicht als eine geschlossene Kugel, sondern vieldimensional zu verstehen: Jedes Volk bewahrt seine eigene Identität in der Einheit mit den anderen. Ohne Gemeinschaft und ohne Mitleid, die durch das Gebet jener, die glauben, genährt werden, verliert die Menschheit die Seele.

10.

ARBEIT UND GERECHTE VERTEILUNG AN ALLE

Wie lässt sich die Ungerechtigkeit der Arbeitswelt beantworten?

Niemandem wird Arbeit fehlen, wenn sie gerecht verteilt wird. Durch die gemeinsame Anstrengung aller Verantwortlichen in Politik und Wirtschaft kann man viel erreichen. Ohne diese Anstrengung hat die Gesellschaft keine Zukunft. Da Problem ist seit Langem bekannt und durch die Pandemie noch größer geworden. Die Würde der Arbeit wird bisher leider zu stark und zu oft mit Füßen getreten. Auch heute gibt es Sklaven, die gezwungen sind, schwere und schlecht bezahlte Arbeit zu verrichten, um zu überleben. Gleichzeitig werden diejenigen Unternehmer weder unterstützt noch geschätzt, die die Mitarbeiter wie Söhne und Töchter betrachten und gerecht entlohnen, auch wenn sie dadurch an Gewinn einbüßen.

Wenn Lösungen gefunden werden, um für die soziale Gerechtigkeit und im Einklang mit dem Gesetz und ohne Korruption Arbeitsplätze zu schaffen und die Qualität der Produktivität zu erhöhen, wird die Gegenwart eine entscheidende Umstrukturierung erfahren für die Gestaltung der kommenden Welt zukünftiger Generationen. Das wird auch die Möglichkeit erhöhen, mehr Zeit mit der Familie zu verbringen und sich ehrenamtlich im kulturellen und bürgerlichen Bereich zu engagieren. Wenn es den Vätern und Müttern gelingt, mehr Zeit zu haben, um mit den eigenen Kindern zu leben und sie anzuhören und mit ihnen Erfahrungen zu teilen, wenn jeder Arbeiter sich gebraucht und wertgeschätzt fühlt auch außerhalb des Dienstes, könnten alle unbeschwerter zur Arbeit zurückkehren und zur gleichen Zeit ihre täglichen Erziehungsaufgaben erfüllen, mit einer erhöhten Qualität des privaten und sozialen Lebens.

Wo und bei wem ist zu beginnen, um den Arbeitsmarkt und die Beschäftigung zu reformieren?

Ich denke an die nur befristet Angestellten und Saisonarbeiter der Volkswirtschaft: an Straßenverkäufer, Pflücker, Schausteller, Maurer, Schneider, Händler, Sammler, Kleinlandwirte. Ich denke vor allem an jene, die kein regelmäßiges Einkommen haben, und an jene, die arbeitslos sind. Sie sind von der Globalisierung ausgeschlossen und haben Schaden und Spott zugleich. Wenn der Kampf gegen die Pandemie und ihre verheerenden Folgen ein Krieg ist, dann sind diese Arbeiter und Arbeitslosen ein unsichtbares Heer, das jeden Tag die Haut riskiert in den heimtückischen Schützengräben der vergessenen Peripherien. Das System, das wir haben, beachtet sie nicht. Es überlässt sie ohne gesetzlichen Schutz ihrem brutalen und ungerechten Schicksal. Sie zahlen den

*Vielleicht ist es an
der Zeit, an
ein universales
Grundeinkommen
zu denken.
An einen
Arbeitslohn, der
so menschlich wie
christlich ist.*

Großteil der Rechnung. Ihr Los gehört ebenso verboten wie Kinderarbeit.

Vielleicht ist es an der Zeit, an ein universales Grundeinkommen zu denken. An einen Arbeitslohn, der so menschlich wie christlich ist. Kein Arbeiter sollte ohne diese Rechte sein. Wir können nicht länger warten, jenen Familien ihre Würde zu geben oder zurückzugeben, die nur mit den Brotkrümeln überleben, die vom Tisch jener fallen, die sich zum Bankett der wirtschaftlichen Macht versammeln. Jeder Bürger dieser Erde hat das Recht auf „die drei T", wie es im Spanischen heißt: „tierra, techo y trabajo" (das heißt *Erde* – und damit ihre Früchte, also Nahrung und Wasser, ein *Dach* über dem Kopf und *Arbeit*).

Ein Neustart dieser Art ist auch eng an die Nutzung künstlicher Intelligenz gekoppelt, durch die sich die Optionen vervielfältigen, die durch die neuen digitalen Technologien ermöglicht werden. Da liegen epochale Umwälzungen vor uns, die zu bewältigen sind. Wie ist zum Beispiel unsere Beziehung zu Robotern angemessen zu meistern?

Künstliche Intelligenz und Roboter müssen der Menschheit dienen und dürfen keine Bedrohung darstellen. Wenn sie geplant produziert werden, um den Menschen ins Zentrum zu stellen, können sie zum Schutz unseres gemeinsamen Hauses genutzt werden. Sie können auch helfen, die regelmäßig wiederkehrenden Finanzkrisen zu lösen, die neue Herausforderungen und Probleme für die Regierungen mit sich brin-

gen, wie das Anwachsen der Arbeitslosigkeit, die Vermeh-
rung verschiedener Formen der Armut, die Ausbreitung der
sozio-ökonomischen Unterschiede und neue Bedingungen
der Sklaverei, die oft verknüpft sind mit Konflikten und Mi-
grationen. Es sind machtvolle Instrumente, um der Ex-und-
hopp-Kultur entgegenzutreten, welche die Schwachen bedroht: Alte, Kranke und Bedürftige. Eine Gesellschaft, in der
die wirtschaftlichen, digitalen und bildungsmäßigen Ungleichheiten zu eklatant sind, wächst und entwickelt sich
nicht. Je mehr die Technologie präsent ist, desto wichtiger ist
es, den Primat der Person vor der Maschine zu betonen und
zu verteidigen. Auf diese Weise ist zu hoffen, dem Schicksal
der Welt eine gesunde und genuin neue Richtung zu geben.

11.

FAMILIE UND FRAUEN –
SÄULEN DER GESELLSCHAFT

Auf den Schultern der Frauen lastet das Gewicht aller Wirtschaftskrisen. Wie denken Sie darüber?

Die Frauen brauchen unmittelbare Hilfe in der Erziehung der Kinder. Sie dürfen auf der Arbeits- und Einkommensebene nicht diskriminiert werden oder mit dem Verlust des Arbeitsplatzes, weil sie Frauen sind. Im Gegenteil, ihre Teilhabe an der Erneuerung der Gesellschaft im sozialen, politischen, beschäftigungsmäßigen und institutionellen Bereich wird immer wertvoller. Wenn die Gesellschaft ihnen entsprechend kluge und positive Bedingungen dafür bietet, können und werden sie einen entscheidenden Beitrag zur Regeneration der Wirtschaft und der Gesellschaft leisten, weil die Frau die Welt schöner macht durch ihre volle Teilnahme und Teilhabe.

Während wir alle versuchen, wieder auf die Beine zu kommen, dürfen wir nicht übersehen, dass die Wiedergeburt der Menschheit durch eine Frau begonnen hat. Durch die Jungfrau Maria kam das Heil in die Welt. Deshalb gibt es kein Heil ohne die Frau. Die Muttergottes ist mit ihrem Fleisch und ihrem Schoß Quelle des Lebens. Auch aus diesem Grunde ist jede Gewalt, die Frauen erleiden, eine Entehrung Gottes, der von einer Frau geboren wurde. Durch den Leib einer Frau ist für die Menschen das Heil gekommen.

Unser Niveau an Menschlichkeit und Entwicklung zeigt sich daran, wie wir damit umgehen. Wie oft wird der weibliche Körper auf den profanen und schändlichen Altären des Konsums, des Marketings, des Business und der Pornografie geopfert. Man muss darauf reagieren, indem er gemäß dem, was er ist und repräsentiert, behandelt wird. Der weibliche Leib ist das Edelste der Welt. Wenn uns die Zukunft am Herzen liegt und wir ein blühendes Morgen ersehnen, ist es nötig, der Frau und ihrer Würde den gerechten und richtigen Platz und Raum zu geben.

Obgleich in den vergangenen Jahren verschiedene, wichtige Schritte unternommen wurden, gibt es dennoch nur wenige Frauen in Schlüsselpositionen der „Heiligen Hallen" des Vatikans ...?

Die Kirche muss die Rolle der Frau in ihrem Innern noch besser verstehen. Es ist noch eine große Anstrengung auf der Ebene der Teilnahme und Teilhabe zu unternehmen. Das ist nicht nur eine Frage der Ämter und Rollen. Wir sind uns noch nicht voll im Klaren, was die Frau in der Kirche bedeutet, und wir beschränken uns lediglich auf eine funktionale Sichtweise. Hier müssen wir kontinuierlich weiterarbeiten, auch und vor allem auf der kulturellen Ebene. Es ist „den berechtigten Ansprüchen von Frauen, die größere Gerechtig-

Die Muttergottes ist mit ihrem Fleisch und ihrem Schoß Quelle des Lebens. Auch aus diesem Grunde ist jede Gewalt, die Frauen erleiden, eine Entehrung Gottes, der von einer Frau geboren wurde.

keit und Gleichheit verlangen" volle Aufmerksamkeit zu schenken (vgl. Nachsynodales Schreiben *Christus vivit*, 42). Es ist das der Kirche innewohnende Verständnis in die Tat umzusetzen, dass die Frau Bild der Mutter Kirche ist: Die Kirche ist Frau und Mutter. Die Frauen sind mit einer besonderen Beziehungs-, Führungs- und Liebesfähigkeit ausgestattet, die sich in vielfältiger, aber immer noch unterbewerteter Weise entwickelt. Deshalb ist eine größere weibliche Präsenz eine vielversprechende Perspektive, die für alle von Vorteil sein wird. Die Frauen sind voll und ganz in die Entscheidungsprozesse einzubeziehen. Denn wenn sie ihre Gaben einbringen können, kommt die Welt stärker zu Einheit und Frieden. Ich unterstreiche noch einmal: Es geht nicht nur darum, Frauen bestimmte Aufgaben zu erteilen. Nicht alles wird mit einer Ernennung gelöst. Man muss die Gestalt, das Denken und die Logik der Frauen als greifbares Bild der Kirche integrieren. Es ist nötig, den weiblichen Genius in Erscheinung treten zu lassen, und dass er sich in der Kirche widerspiegelt. In der Welt der Kirche darf es keine Sondergäste mehr geben. Die Gegenwart und Teilhabe der Frauen ist ein Recht und keine bloße Höflichkeit. Sie darf keine Überraschung oder Ausnahme mehr sein.

Und die Familie?

In der heiklen Situation von heute ist die Familie, die auf der Ehe zwischen einem Mann und einer Frau gründet, von größter Bedeutung. Ihre soziale Mission ist entscheidend. Sie ist die Keimzelle der Gesellschaft. Deshalb ist es notwendig, sie zu verteidigen, zu stützen, hochzuschätzen und den Plan, den Gott für die Familie gemacht hat, wiederzuentdecken, um deren Größe und Unersetzbarkeit im Dienst für das Leben und die Zivilisation zu bekräftigen.

Warum ist sie so wichtig?

Weil in der Familie die frühesten Erfahrungen von Liebe und der Sorge um das Leben gemacht werden, zum Beispiel der richtige Gebrauch der Dinge, Ordnung und Sauberkeit, Freundschaft und die Bande mit der Gemeinschaft des Ortes sowie der Schutz jeglicher Kreatur. Sie ist der Ort, wo wir lernen, nicht alles als selbstverständlich zu erachten, das zu schätzen, was man hat, gesunde und großzügige Ziele ins Auge zu fassen, ohne Arroganz um Erlaubnis zu fragen, danke zu sagen, um uns erkenntlich zu zeigen für die Dinge, die wir erhalten, Aggressivität und den Egoismus in den Griff zu bekommen und um Entschuldigung zu bitten, wenn wir gefehlt haben. Diese kleinen, täglichen Gesten ehrlichen und gelassenen Zusammenlebens helfen, eine Lebenskultur und Achtung zu entwickeln für alles, was uns umgibt (vgl. *Laudato sí*, 213).

Wie lässt sich der familiäre Alltag auf fruchtbare Weise leben?

Wir müssen die Kinder wieder um den häuslichen Herd versammeln. Zu beginnen ist bei den Mahlzeiten, ohne dass während des Mittag- oder Abendessens die Köpfe und Blicke auf die Smartphones gerichtet sind. Bei Tisch ist nicht zu chatten. Es ist der wichtigste Augenblick für das Gespräch miteinander, das es neu zu entdecken und zu stärken gilt. Die Kommunikation zu Hause ist ein Schatz, der neu zu heben und zu kultivieren ist. Eine Familie, die kaum miteinander isst und bei Tisch nicht miteinander spricht, sondern fernsieht oder telefoniert, ist wenig Familie. Es bedarf der Tischgemeinschaft, es bedarf der Gewohnheit, die Güter des Lebens zu teilen und froh zu sein, dass das möglich ist. Sich mitteilen zu können, ist eine wertvolle Tugend! Die um den Tisch vereinte Familie ist quasi die Ikone der Familie. Die gemeinsame Mahlzeit – das schließt nicht nur das Essen ein, sondern die gegenseitige Zuneigung, die Erzählungen, Geschehnisse, Emotionen, Befürchtungen und Probleme – ist eine elementare Erfahrung. Nicht zufällig trifft man sich bei einem Fest, einem Geburtstag, einem Gedenktag an einem Tisch. Die Tischgemeinschaft ist auch ein zuverlässiges Thermometer, um die seelische Gesundheit zu messen. Wenn in der Familie etwas nicht funktioniert und eine verborgene Wunde schmerzt, kommt das bei Tisch zum Vorschein.

Vergessen wir auch die Lehren des Christentums nicht, das immer wieder von der Tischgemeinschaft spricht. Jesus lehrt sehr gerne bei Tisch und veranschaulicht das Reich Gottes im Bild eines festlichen Mahls. Christus wählt den Tisch, um seinen Jüngern sein geistliches Testament zu hinterlassen. Das ist das Abendmahl, in dem er das Gedächtnis seines Opfers für uns stiftet durch die Hingabe seines Körpers und seines Blutes als Speise und Trank zu unserem Heil. In dieser

*Die Zeit des Mittag-
und Abendessens in
der Familie zu
kultivieren, bildet
eine Schule
umfangender und
umfassender
Menschlichkeit.*

Zeit, die durch viele Schließungen gekennzeichnet ist, kommt der Tischgemeinschaft, die von der Familie ausgeht, eine besondere Rolle zu. Durch die Pflege der Tischgemeinschaft in unseren Häusern können wir diesen Hauch geistiger und menschlicher Öffnung, der die Schließungen überwindet, ausweiten und Brücken der Aufnahme, der Begegnung, der Nächstenliebe bauen. Die Zeit des Mitttag- und Abendessens in der Familie zu kultivieren, bildet eine Schule umfangender und umfassender Menschlichkeit.

Was würden Sie Eltern besonders ans Herz legen?

Spielen mit den eigenen Kindern ist die beste Form, Zeit zu verlieren. Ich kenne eine Familie, die eine besondere Methode zu Hause erfunden und entwickelt hat: Das ist „das Programm", wie sie es nennen. Jeden Samstag oder Sonntag nehmen Vater und Mutter ein Blatt und schreiben zusammen mit den Kindern alle Verabredungen zum Spiel in der folgenden Woche auf und kleben das Blatt an eine kleine Schiefertafel in der Küche. Die Augen der Kinder leuchten, wenn sie „das Programm" schreiben, das inzwischen zu einem Ritus unter ihnen geworden ist. Diese Mama und dieser Papa sind Vorbilder für die Erziehung. Ich habe zu ihnen gesagt: „Großartig, ihr müsst Erziehung gleichsam aussäen und einpflanzen." Durch das Spiel mit dem Vater und der Mutter gewöhnt sich das Kind an die Existenz von Regeln und die Notwendigkeit und lernt sie zu befolgen und gewinnt jenes Selbstvertrauen, das hilft, sich in der Welt zurechtzufinden.

Zugleich helfen die Kinder den Eltern, vor allem in zwei Dingen: erstens der Lebenszeit einen größeren Wert beizumessen und zweitens, demütig zu bleiben. Für die Kinder sind sie in erster Linie Papa und Mama, der Rest kommt später: die Arbeit, die Erfolge und die Sorgen. Das bewahrt vor Versuchungen zum Narzissmus und zu einem übertriebenen Ego, das Gefahr läuft, jeden Tag in seine eigenen Fallen zu stolpern.

12.

DIE JUGEND UND IHR TRAUM
AUF GOTT HIN

Die Zukunft zu planen bedeutet auch und gerade, die junge
Generation zu stützen und zu fördern. In vielen Gebieten ent-
gleitet sie der Kirche. Haben Sie einen Rat?

Leider begegnen wir um uns, aber auch in uns und vor allem
bei Jugendlichen einem Gefühl der Leere und Ohnmacht und
einer Verzerrung der Werte angesichts der Realität eines phy-
sischen, geistlichen, emotionalen und sozialen Todes. Es besteht die Gefahr, sich dessen nicht oder zu spät bewusst zu
werden und dann die Folgen tragen zu müssen. Auf diese
Weise breiten sich unter den jungen Leuten Depressionen
und Gleichgültigkeit aus, die in die Abgründe von oftmals
unerklärlichen Ängsten führen, in einigen Fällen bis zu der
Versuchung, dem eigenen Leben ein Ende zu bereiten.

Wie viele junge Menschen weinen, ohne dass jemand den
– oft stillen – Schrei ihrer Seele hört? Hier muss sich die Kirche durch ihre Pfarrer, die Ordensleute, die Bischöfe, den
Papst bereithalten, um den Durst nach innerer Erfüllung von
vielen Heranwachsenden und Jugendlichen zu stillen. Wenn
wir die Tore aufmachen und die Innenhöfe der Oratorien mit

lärmenden Jugendlichen füllen, wie der heilige Don Bosco es uns vormachte, wenn wir mit ihnen spielen, dann fühlen sie sich wohl. Überwinden wir die Angst, Fehler zu machen! Besser die Oratorien sind voll mit Jugendlichen und wir machen Fehler, als Spielplätze mit wenigen Erwählten zu organisieren. Wenn wir die Jugendlichen ohne Vorurteile mit offenem Herzen anhören, ist es wahrscheinlich, dass sie auch unsere Einladung zum gemeinsamen Gebet annehmen. Mit Gebeten, die oft aus unbestimmten Tiefen und Kontroversen des Lebens emporsteigen.

Wir Priester können uns den aufrichtigen, spontanen und ursprünglichen Reaktionen der Jugendlichen widmen, weil wir ihnen nahe sind, auch (aber nicht nur) durch Internet und die sozialen Medien, die ein Schatz unserer Zeit sind. Auch wenn sich viele Jugendliche dessen nicht völlig bewusst sind, ist in ihrem Herzen dennoch der Wunsch da, Gott zu begegnen. Und sie suchen Gott, oft weit weg von uns, bei den Eltern und bei den Erziehern. Wie alle brauchen sie ein Ventil und eine helfende Hand, um mit den Nöten, den Beschwerlichkeiten und den Niederlagen des Lebens fertigzuwerden, aber auch Momente, um über das Unendliche und die Ewigkeit zu reflektieren, und Augenblicke, um dem Geheimnis des Lebens zu begegnen. Es gibt jedoch auch Perioden der Verzweiflung. Das zeigt sich in Gebeten, wo zum Ausdruck kommt, dass Jugendliche persönlich angehört und angeschaut werden wollen. Wir Menschen der Kirche sollten diesem Flehen mehr Raum geben. Wir müssen die jungen Menschen – über die großherzige Absicht hinaus, für den Nächsten zu beten – durch hilfreiche Impulse und gegenseitigen Ansporn zum Gebet ermutigen. Die Jugendlichen werden dann auch die Kraft finden, ihre Schüchternheit, Trägheit und Scham – als Hindernisse, die für viele Heranwachsende oft unüberwindbar scheinen – zu überwinden, wenn sie uns beim Gebet sehen, das Freude ausstrahlt und nicht den Eindruck erweckt, irgendeiner auswendig gelernten Pflichtübung nachzukommen. Gönnen wir uns alle die Nähe der Jugendlichen. Wo die Jugend ist, da ist Lebendigkeit und Fröhlichkeit – und das ist eine Gnade.

Die Wucht der Covid-Pandemie hat die ohnehin dürftigen Aussichten von Millionen von Jugendlichen in der ganzen Welt noch weiter verschlechtert. Die jungen Leute sind bedroht durch viele Ungewissheiten, durch schulische, berufliche, soziale, wirtschaftliche und politische Einschränkungen, die ihnen das Recht auf eine Zukunft rauben. Was möchten Sie der „Generation Covid" sagen?

Mit ganzem Herzen und mit allem Guten, das der Papst den Jugendlichen wünscht, ermutige ich sie, sich durch die widrigen Umstände nicht geschlagen zu geben, nicht aufzuhören, mit offenen Augen zu träumen. Dadurch, dass sie sich für ihre eigenen Träume einsetzen, können sie auch jenen beistehen, die sie herausfordern: den Pessimisten, den Unaufrichtigen und den Nutznießern der Not. Die jungen Leute spüren hautnah die Mühen und Beklemmungen dieser Welt, die gegeißelt ist durch Ungleichheiten, Ungerechtigkeiten und schlechte Verwaltungen. Wenn sie aber nicht klein beigeben, werden sie nicht mehr nur schwarzsehen. Sie werden auch schöne Erfahrungen machen und ermutigende Aspekte finden, die es ja auch gibt.

Gewiss ist es die neue Generation, die – wie vielleicht nie zuvor in diesem dritten Jahrtausend – einen sehr hohen Preis zahlt für die Wirtschafts-, Arbeits- und Gesundheitskrise. Aber darüber in Klagen auszubrechen, hilft nicht weiter. Im Gegenteil, so wird die Krise nur noch größer. Sich hingegen tapfer zu schlagen, wie es schon viele tun, die sich von der Welt der Erwachsenen herausgefordert fühlen, hilft, dass die Jugendlichen nicht unerfahren und unreif bleiben und bitter werden. Sie dürfen sich auf der Suche nach Gelegenheiten zur Bewährung nicht aufhalten lassen. Sie sollen aus Fehlern richtige Schlüsse und Konsequenzen ziehen und weitergehen, voller Lust auf die Zukunft. Die Großeltern und die alten Menschen können ihnen dabei sehr helfen. Sie dürfen nicht alleingelassen werden, weil ein abgeschnittener Baum nicht wächst, nicht blüht und keine Früchte bringt. Von den Erwachsenen können sie lernen, dass mögliche Erfolge fast immer Frucht langer und arbeitsreicher Wege sind und nicht das Ergebnis weniger glücklicher Momente und Fügungen. Und dass man das eigene Projekt jeden Tag ein wenig voranbringen muss, ohne billige Ausflüchte zu suchen, weil sich der bequeme und sofortige Erfolg nicht spontan einstellt. Geduld, Beharrlichkeit, Ausdauer und Wagemut sind großartige Werte. Sie sollen die notwendigen persönlichen Gaben entwickeln, um menschliche Grenzen zu erkennen und anzunehmen, und zugleich verbessern, was zu verbessern ist. Diese Tugend ist auch entscheidend in Niederlagen. Einer

*Sich tapfer zu
schlagen,
wie es schon viele
tun, die sich
von der Welt der
Erwachsenen
herausgefordert
fühlen, hilft, dass die
Jugendlichen nicht
unerfahren und
unreif bleiben und
bitter werden.*

der schönsten Siege ist das Sich-wieder-Aufrichten nach einem Sturz. Dabei denke ich auch an die Erkenntnis aus der *Genesis* (Kap. 2), wo es im ersten Buch der Bibel heißt, dass der Herr, nachdem er Himmel und Erde geschaffen hatte, den Menschen in den Garten Eden setzte, damit er ihn bebaue und hüte. Er schickt ihn nicht in Pension oder in die Ferien oder in die Sommerfrische oder auf das Sofa: Gott sendet den Menschen aus, damit er sich mühe und arbeite.

Gott hat den Menschen fähig, wissbegierig und zum Arbeiten geschaffen. Und zum Lieben: „Liebe deinen Nächsten wie dich selbst." Es gibt kein größeres Gebot als dieses, sagt Jesus zu den Jüngern (*Mk* 12,31). Die jungen Menschen haben die Frische und die Kraft, die wesentlichen Aufgaben, die ihnen Gott anvertraut hat, voranzubringen und auf diese Weise Männer und Frauen der Kenntnis, der Liebe und der Nächstenliebe zu werden. In gegenseitigen Begegnungen erfahren und genießen sie die Schönheiten und Gaben des Lebens und der Natur, der Emotionen und der Liebe in all ihren Schattierungen. Und sie werden erkennen, dass die kostbarsten Früchte nicht bei dem wachsen, der viele Reichtümer besitzt, sondern bei dem, der viele Freundschaften knüpft und am Leben hält durch verschiedene Talente, die Gott jedem Menschen gegeben hat. Aus ihren Erfahrungen werden sie ihre Kenntnisse mit anderen teilen und die der Jugend innewohnende Hoffnung vergrößern. Sie werden ihr Leben in die Hand nehmen und zur gleichen Zeit in Bewegung halten, was die Menschlichkeit wachsen und frei werden lässt. Auch wenn es scheint, dass die Nacht kein Ende hat, darf man die

Hoffnung nicht aufgeben. „Vergesst nicht, fröhlich zu sein", sagte der heilige Philipp Neri, „sehr fröhlich."

Warum laden Sie zum Träumen ein?

Wenn Träume Teil des Lebens sind, hat man in jedem Augenblick ein Ziel vor Augen, ob man es nun erreichen kann oder vielleicht nur teilweise. Jeder Traum ist ein Ziel, das uns auf dem Weg ein wenig nach vorne bringt. Wenn wir über das Verhältnis von Traum und Gott nachdenken und über die Zeit, die uns gewährt ist – keiner weiß, wann sie zu Ende geht –, werden wir entdecken, was es bedeutet, einen Traum zu haben im Hinblick auf Gott, für den es sich lohnt, die Tage der Pilgerschaft auf dieser Erde zu nutzen. Es bedeutet, der eigenen Existenz einen Sinn zu geben. Das ist der wunderbare Traum. Es ist der größte, der sich verwirklichen lässt.

SCHLUSSBEMERKUNG

Es ist Januar 2021. Die ersten Impfungen gegen Covid sind im Gange. Im letzten Telefonat, das diesem Buch gewidmet ist, genehmigt Papa Franziskus die Veröffentlichung dieses Textes und sagt mir, dass er mit der Arbeit zufrieden ist. Er ist der Nachfolger Petri geworden und steht unermüdlich jeden Tag und ohne Pause im Dienst der Menschheit. Jorge Mario Bergoglio, der Steuermann der Kirche, ist ein Papst der Menschen, der Peripherie und des Dialogs, in seinem vielfältigen Wirken der Nähe und der Ermutigung. Er ist ein Leuchtturm, der hilft, sich in der Stunde des Dunkels nicht zu verirren. Er ist der Papst des Mitleids, der Achtung gegenüber allen, der täglichen Wirklichkeitsnähe, die sich auf die Ewigkeit hin orientiert. Er ist gestützt durch seinen Glauben und die Liebe zur Erde und zu seinen Bewohnern von heute und morgen. Franziskus predigt und bezeugt Solidarität, Brüderlichkeit und Zärtlichkeit, um das Herz der Menschen zu erwärmen und um an das Gewissen jener zu appellieren, die Regierungsverantwortung haben. Er fördert die Großzügigkeit und die Selbstlosigkeit, zu der jedes menschliche Wesen fähig ist. Er hält jeden für wichtig und fähig, mögliche Hauptfigur einer neuen und schönen Zeit zu werden, und zwar mit der Gewissheit, die er bei der Generalaudienz am Mittwoch, dem 13. Januar 2021, zum Ausdruck gebracht hat: „In der Zukunft der Welt und in den Hoffnungen der Kirche gibt es immer die ‚Unmündigen'. Das sind jene, die sich nicht für besser halten als die anderen, die um ihre eigenen Grenzen und ihre eigenen Sünden wissen, die andere nicht beherrschen wollen, die sich in Gott, dem Vater, alle als Brüder und Schwestern erkennen."

D. A.

DANK

Ich danke meiner leidenschaftlichen Verlegerin Antonella Bonamici und meiner Familie. Mit meiner Frau Elena teile ich in gemeinsamer Freude unseren Lebensweg. Der Lärm unserer Kinder Davide und Simone ist die Geräuschkulisse im Hintergrund, die selbst den Papst am Telefon zum Lächeln brachte. Ihm, Franziskus, bin ich unendlich dankbar für sein Vertrauen.

D. A.

Der Fe-Medienverlag möchte mit seinen Veröffent-
lichungen einen Beitrag leisten zur Orientierung
in Kirche und Gesellschaft. Zu unseren wichtigsten
Genres gehören authentische Glaubenszeugnisse,
Biographien, Gesprächsbücher, Romane, Bildbände,
Bücher für Kinder und Jugendliche. Als katholischer
Verlag fühlen wir uns mit den amtierenden Päps-
ten, dem Leben der Heiligen, den kulturellen Erschei-
nungsformen der Kirche sowie der „prophetischen
Mission Fatimas" (Papst Benedikt XVI.) verbunden,
was sich auch in unserem Programm widerspiegelt.
Ausgeschüttete Gewinne der Verlagsarbeit werden
ausschließlich für gemeinnützige Zwecke der Fati-
ma-Aktion e.V. verwendet.

www.fe-medien.de